高等职业教育财务会计类项目化实训系列教材

U0675031

Project Training Manual of
Management Accounting

管理会计项目化实训
工作手册

周婷婷　苑梅　主编

东北财经大学出版社　大连
Dongbei University of Finance & Economics Press

图书在版编目（CIP）数据

　　管理会计项目化实训工作手册 / 周婷婷，苑梅主编. —大连：东北财经大学出版社，2025.4. —（高等职业教育财务会计类项目化实训系列教材）. —ISBN 978-7-5654-5574-2

　　Ⅰ. F234.3

　　中国国家版本馆CIP数据核字第2025VOH334号

东北财经大学出版社出版

（大连市黑石礁尖山街217号　邮政编码　116025）

网　　址：http://www.dufep.cn

读者信箱：dufep@dufe.edu.cn

大连天骄彩色印刷有限公司印刷　　东北财经大学出版社发行

幅面尺寸：185mm×260mm　　字数：287千字　　印张：12.5

2025年4月第1版　　　　　　　2025年4月第1次印刷

责任编辑：王天华　赵宏洋　　　　　　责任校对：那　欣

封面设计：原　皓　　　　　　　　　　版式设计：原　皓

定价：35.00元

前　言

国务院于 2019 年 1 月发布的《国家职业教育改革实施方案》(以下简称"职教 20条")强调"鼓励和支持社会各界特别是企业积极支持职业教育,着力培养高素质劳动者和技术技能人才","遴选认定一大批职业教育在线精品课程,建设一大批校企'双元'合作开发的国家规划教材,倡导使用新型活页式、工作手册式教材并配套开发信息化资源"。这个具有纲领性意义的教材建设指导方案,指明了适应服务建设现代化经济体系和实现更高质量更充分就业需要的教材开发与建设方向。2019 年 12 月,教育部发布的《职业院校教材管理办法》指出,教材规划要适应新时代技术技能人才培养的新要求,教材编写要理论和实践相统一,以适应项目学习、案例学习、模块化学习等不同学习方式要求,注重以真实生产项目、典型工作任务、案例等为载体组织教学单元,倡导开发活页式、工作手册式新形态教材。

教材作为知识传授、传承的主要载体,是教育教学改革的重要反映,直接关系着党的教育方针的贯彻落实,体现着国家价值导向。党的二十大报告明确提出,到 2035 年建成教育强国。由此,建设高质量教育体系成为"十四五"时期我国教育发展的核心目标,而建设高质量教材体系是高质量职业教育体系的重要表征。

在高等职业教育教学过程中,专业与职业岗位(群)形成的映射关系,较为清晰地阐明了人才需求与职业岗位核心技能的关系。伴随新技术变革、新商业模式变化以及新商业规则的形成,职业岗位核心技能逐渐转向智慧型、智能型,而通过师生共同实施一个完整的项目工作的项目化教学,学生可以相对完整地掌握本专业的技术技能并形成系统的职业岗位(群)技能体系。因此,项目化教学逐渐被应用到高等职业教育教学领域,更为重要的是,以项目化方式进行实训教学指导,可以将本专业职业岗位(群)的基础技能和核心技能有效地转化为岗位(群)服务能力。

《管理会计项目化实训工作手册》是财务会计类专业人才培养方案中的专业核心课程实训教材,是专业核心课程"管理会计"的配套实训教材,是学生未来从事管理会计相关工作的基础操作指导,也是其他专业基础和核心课程的桥梁和纽带,在人才培养方案中起到较高层次岗位技能进阶训练作用。通过校企双元合作开发与编写,本教材将新技术变化和新商业模式背景下的企业管理会计岗位核心素质以项目和任务分解组织课程内容和教学。本教材有助于提高学生对管理会计岗位认知度,有助于学生树立系统掌握会计类岗位核心技能的系统性思维,有助于促进学生与教材之间的深层次互动,为后续专业课程和从事管理会计相关岗位工作奠定基础。

在本教材开发过程中,通过梳理财务会计类专业核心课程"管理会计"的专业基础技能、专业核心技能以及专业拓展技能,结合管理会计岗位需求,将内容优化为全面预算管理、营运管理、短期经营决策、投融资决策、绩效管理等实训模块，学生通过各项目实训可熟练掌握管理会计工具的应用。通过项目驱动和任务分解给予学生实习实训指导，指导学生进行典型核算业务的实践技能训练和仿真综合实训的操作训练，进一步强化对技能的掌握。

无锡商业职业技术学院会计金融学院组织校企双方力量，经过充分调研论证，厘定了新商业模式背景下的财务会计类专业岗位群的核心职业能力，以此为依据梳理了财务会计类专业核心技能点，构建了数以百计的实训项目，涵盖了会计核算、成本管理、财务分析、纳税核算与申报、财务管理、会计实务综合实训等方面，是财务会计类专业学生必须掌握的核心基本技能项目，形成了相对完整的财务会计类专业群实践教学体系。本教材主要依照如下思路进行编写：

第一步，探究新技术和新商业模式变革下会计行业转型升级带来的岗位核心技能内涵变化。本教材系业财融合背景下由"核算型"会计向"管理型"会计转变的技能训练指导书。通过适应新技术变化和新商业模式变革，探究管理会计岗位核心技能内涵变化，凝练不同层次岗位技能内容。

第二步，依据核心技能变化确定管理会计实训同高职专业"管理会计"理论的契合性。在确定岗位核心技能后，将"1＋X"数字化管理会计职业技能等级标准与理论课程有效融合，提高管理会计典型工作任务同理论课的契合性。

第三步，确定较高契合性背景下管理会计实训技能训练项目内容。运用企业真实案例进行项目与任务设计，帮助学生理解企业战略、业务、财务一体化等实操技能，进而以价值为导向向企业提供财务管理帮助。

第四步，按照管理会计实训技能训练项目内容开发实训指导书。结合管理会计实训技能内容，设计包括实训要求、实训材料等在内的管理会计项目化实训编写体例，完成本教材的开发并请专家审阅及学生试用。

本教材开发与编写突破以往基于财务会计和财务管理课程相结合设计实训任务，创新采取按照管理会计相关岗位核心技能为任务设计主线，按照管理会计相关岗位工作特点科学设置任务。配合虚拟仿真（VBSE）环境进行技能训练，帮助学生灵活挑选训练内容，体验岗位职责。

本教材由无锡商业职业技术学院周婷婷、苑梅担任主编并撰写了详细的编写提纲，具体分工如下：项目一由任浩强编写；项目二由常志坚、余开勋编写；项目三由任子宜、王文娟写；项目四、项目六和项目七由周婷婷编写；项目五由王晓辉、苑梅编写。最后，由周婷婷进行修改和最终定稿。

本教材在编写过程中得到了新道科技股份有限公司的支持、江苏省职教同仁的帮助，以及江苏天圣达集团有限公司、江苏无锡朝阳集团股份有限公司、无锡华洋滚动轴承有限公司等行业专家的指导，在此一并表示感谢！

由于编者学识水平有限，书中不足之处在所难免，敬请读者批评指正。

编 者

2025 年 2 月

目 录

项目一

投融资管理

职业技能要点与重难点

序号	工作任务	任务分解	技能操作	重难点
1	投资决策实训	(1) 投资报酬率法 (2) 投资回收期法 (3) 净现值法 (4) 现值指数法 (5) 内含报酬率法	(1) 能够熟悉投资决策的主要内容 (2) 能够运用投资报酬率法进行投资决策 (3) 能够运用投资回收期法进行投资决策 (4) 能够运用净现值法进行投资决策 (5) 能够运用现值指数法进行投资决策 (6) 能够运用内含报酬率法进行投资决策	(1) 运用投资报酬率法进行投资决策 (2) 运用投资回收期法进行投资决策 (3) 运用净现值法进行投资决策 (4) 运用现值指数法进行投资决策 (5) 运用内含报酬率法进行投资决策
2	项目管理实训	(1) 挣值法 (2) 成本效益法 (3) 价值工程法	(1) 能够熟悉项目管理的主要内容 (2) 能够运用挣值法进行项目管理 (3) 能够运用成本效益法进行项目管理 (4) 能够运用价值工程法进行项目管理	(1) 运用挣值法进行项目管理 (2) 运用成本效益法进行项目管理 (3) 运用价值工程法进行项目管理
3	筹资决策实训	(1) 预测资金需求量 (2) 个别资本成本计算 (3) 最优筹资方案选择	(1) 能够熟悉筹资决策的主要内容 (2) 能够利用销售百分比法和线性回归分析法预测资金需求量 (3) 能够计算债务资本成本和股权资本成本 (4) 能够利用加权平均资本成本选择最佳筹资方案	(1) 利用销售百分比法和线性回归分析法预测资金需求量 (2) 计算债务资本成本和股权资本成本 (3) 利用加权平均资本成本选择最佳筹资方案

任务一　投资决策实训

技能点1　投资报酬率法

一、实训任务

运用投资报酬率法进行投资决策分析

二、实训材料

1. 投资方案相关数据资料
2. 计算工具

三、实训内容

(一) 认知投资报酬率法

投资报酬率法是指通过计算项目投产后正常生产年份的投资报酬率来判断项目投资优劣的一种决策方法。投资报酬率是项目投产后正常生产年份的利润或年均利润占投资总额的百分比。其计算公式为：

$$投资报酬率 = 年平均利润额 \div 投资总额 \times 100\%$$

(二) 投资报酬率法的决策标准

投资报酬率法的决策标准：投资报酬率越高越好，低于基准投资报酬率（可以参考行业一般投资报酬率）的方案不可行。如果多个方案的投资报酬率都高于或等于基准投资报酬率，那么投资报酬率最高的方案为最优方案。

(三) 投资报酬率法的优缺点

投资报酬率法的优点是简单明了。

投资报酬率法的缺点是：（1）没有考虑货币时间价值；（2）不能反映建设期的长短、投资的方式以及净现金流量大小等条件的影响。

四、实训注意事项

1. 进行本项目实训之前要对投资报酬率有一定的理解；
2. 能够结合实际准确获取计算公式中的相关指标数据；
3. 该实训项目的计算对于 Excel 的应用没有特别的要求，学生可根据具体情况加以使用。

五、实训案例

【技能训练 1-1】苏润公司准备购买一台新的生产设备，该项目的投资额为 100 000 元，使用寿命为 5 年，采用直线法计提折旧，5 年后设备无残值，5 年中每年的销售收入为 80 000 元，每年付现成本为 30 000 元。假定行业平均投资报酬率为 25%。

要求：根据投资报酬率法，判断苏润公司是否可以进行该项投资。

解析：

（1）计算年平均利润。

年平均利润 = 80 000 − 30 000 − （100 000 − 0）÷ 5 = 30 000（元）

（2）计算投资报酬率。

投资报酬率 = 年平均利润 ÷ 投资总额 × 100% = 30 000 ÷ 100 000 × 100% = 30%

（3）判断投资项目的可行性。该项目的投资报酬率为 30%，比行业平均报酬率 25% 高，因此可以进行该项投资。

技能点2　投资回收期法

一、实训任务

运用投资回收期法进行投资决策分析

二、实训材料

1.投资方案相关数据资料

2.计算工具

三、实训内容

（一）认知投资回收期法

投资回收期法是指通过计算一个项目产生的未折现现金流量能够抵消初始投资额所需要的年限，即用项目回收的速度来衡量项目投资的一种方法。投资回收期是从项目投建之日起，用各年的未折现现金流量来收回全部投资所需要的时间。当现金流量满足"经营期间净现金流量每年相等"这一基本条件时，可以运用简化方法——公式法——计算投资回收期，其计算公式为：

$$投资回收期 = 初始投资额 \div 年净现金流量$$

否则，采用列表法计算。其计算方法为：

$$投资回收期 = 列表中最后一项为负值的累计净现金流量对应的年数 + 最后一项为负值的累计净现金流量绝对值 \div 下一年的净现金流量$$

（二）投资回收期法的决策标准

投资回收期法的决策标准：投资回收期一般越短越好。判断是否进行投资决策时，则必须设定基准投资回收期，当计算出的项目投资回收期小于等于基准投资回收期时，则项目可以投资；反之则不可以投资。运用投资回收期法进行互斥项目投资决策时，应优先选择投资回收期短的方案。

（三）投资回收期法的优缺点

投资回收期法的优点是：（1）便于理解，计算简单；（2）能直观地反映原始投资额的还本期限。

投资回收期法的缺点是：（1）没有考虑货币时间价值；（2）不能正确反映投资的方式对不同项目的影响；（3）没有考虑回收期满后的现金流量。

四、实训注意事项

1.进行本项目实训之前要对投资回收期有一定的理解；

2.能够结合实际判断适用的计算方法以及准确获取各年的累计净现金流量；

3.该实训项目的计算对于Excel的应用没有特别的要求，学生可根据具体情况加以使用。

五、实训案例

【技能训练1-2】苏润公司准备购买一台新的生产设备，该项目的初始投资额为100 000元，使用寿命为5年，采用直线法计提折旧，5年后设备无残值。

情形（1）：5年中每年的销售收入为80 000元，每年付现成本为30 000元。

情形（2）：5年中各年的销售收入分别为50 000元、60 000元、70 000元、130 000元、90 000元，每年的付现成本均为30 000元。苏润公司参照行业平均投资回收年限和自己对项目的预期，设定的基准投资期为3年。

要求：根据投资回收期法，分别判断两种情形下苏润公司是否可以进行该项投资？

解析：

情形（1）：

①判断能否运用简化方法——公式法。因为每年的净现金流量都相等，满足运用公式法的基本条件，可以运用公式法。

②计算投资回收期。

投资回收期＝初始投资额÷年净现金流量

$$= 100\ 000 \div (80\ 000 - 30\ 000) = 2\ (年)$$

③判断投资项目的可行性。该项目的投资回收期，小于基准投资回收期，因此可以进行该项投资。

情形（2）：

①判断能否运用简化方法——公式法。因为每年的净现金流量不相等，不满足运用公式法的基本条件，所以应当运用列表法。

②列表法计算过程，见表1-1。

表1-1　　　　　　　　　　　　　项目净现金流计算表　　　　　　　　　　　　单位：元

年份	现金流入	现金流出	年净现金流量	累计净现金流量
1	50 000	130 000	(80 000)	(80 000)
2	60 000	30 000	30 000	(50 000)
3	70 000	30 000	40 000	(10 000)
4	130 000	30 000	100 000	90 000
5	90 000	30 000	60 000	150 000
合计	400 000	250 000	150 000	—

③计算投资回收期。

投资回收期 = 列表中最后一项为负值的累计净现金流量对应的年数 + 最后一项为负值的累计净现金流量绝对值 ÷ 下一年的净现金流量

$$= 3 + 10\ 000 \div 100\ 000 = 3.1\ (年)$$

④判断投资项目的可行性。该项目的投资回收期大于基准投资回收期，因此应当拒绝该项投资。

技能点3 净现值法

一、实训任务

运用净现值法进行投资决策分析

二、实训材料

1. 投资方案相关数据资料
2. 计算工具

三、实训内容

（一）认知净现值

净现值（Net Present Value，NPV）是指投资项目按设定的贴现率计算的现金流入的现值与现金流出的现值之间的差额，即所有现金流入和流出都按预定贴现率折算为现值，然后再计算其差额。净现值也可以表述为投资项目各年净现金流量现值的代数和，即未来各年的净现金流量都按预定贴现率折算为现值，然后再计算其代数和。净现值的计算公式：

$$NPV = \sum_{t=0}^{n} \frac{I_t}{(1+i)^t} - \sum_{t=0}^{n} \frac{O_t}{(1+i)^t}$$

或：

$$NPV = \sum_{t=0}^{n} (I_t - O_t) \times (P/F, i, t)$$

式中：n 表示投资涉及的年限；I_t 表示第 t 年的现金流入量；O_t 表示第 t 年的现金流出量；i 表示预定的贴现率，$(P/F, i, t)$ 表示第 t 年、折现率为 i 的复利现值系数。

投资项目的净现值计算包括以下步骤：

（1）计算投资项目每年的净现金流量；

（2）选用适当的贴现率，查表确定投资项目各年的复利现值系数；

（3）将各年净现金流量乘以相应的复利现值系数求出各年的现值；

（4）汇总各年净现金流量现值，得出投资项目的净现值。

（二）净现值法的决策标准

净现值法的决策标准：如果投资方案的净现值≥0，该方案为可行方案；如果投资方案的净现值<0，该方案为不可行方案；如果多个方案的投资额相同，并且净现值均≥0，那么净现值最大的方案为最优方案。

（三）净现值法的优缺点

净现值法的优点：（1）考虑了货币的时间价值，增强了投资经济性的评价；（2）考虑了项目计算期的全部净现金流量，体现了流动性与收益性的统一；（3）考虑了投资的风险性。

净现值法的缺点是：（1）当各项目投资额不等时，仅用净现值无法确定投资方案的优劣；（2）净现金流量的测定和贴现率的确定比较困难，而它们的正确性对计算净现值有重要影响。

四、实训注意事项

1. 进行本项目实训之前要对净现值有一定的理解；
2. 能够结合实际准确获取计算公式中的相关指标数据；
3. 该实训项目的计算对于 Excel 的应用要求：需要掌握运用财务函数"NPV"来计算净现值指标的方法。

五、实训案例

【技能训练 1-3】苏润公司有三个投资方案，有关数据资料见表 1-2，假设 $i = 10\%$。

表1-2　　　　　　　　　　　投资方案现金净流量　　　　　　　　　　　单位：元

期　间	A方案		B方案		C方案	
	净收益	现金净流量	净收益	现金净流量	净收益	现金净流量
0		（20 000）		（9 000）		（12 000）
1	1 800	11 800	（1 800）	1 200	600	4 600
2	3 240	13 240	3 000	6 000	600	4 600
3			3 000	6 000	600	4 600
合计	5 040	5 040	4 200	4 200	1 800	1 800

要求：根据净现值法，苏润公司可选择哪个方案进行投资？

解析：

苏润公司三个投资方案的净现值计算如下：

$NPV（A）=（11\,800 \times 0.9091 + 13\,240 \times 0.8264）- 20\,000 = 1\,668.92（元）$

$NPV（B）=（1\,200 \times 0.9091 + 6\,000 \times 0.8264 + 6\,000 \times 0.7513）- 9\,000 = 1\,557.12（元）$

$NPV（C）= 4\,600 \times 2.4868 - 12\,000 = -560.72（元）$

A、B 方案的净现值为正数，C 方案的净现值为负数，因而 A、B 方案可行，C 方案不可行。A 方案的净现值最大，因而 A 方案为最优方案。

技能点4　现值指数法

一、实训任务

运用现值指数法进行投资决策分析

二、实训材料

1. 投资方案相关数据资料
2. 计算工具

三、实训内容

（一）认知现值指数

现值指数（Present Value Index，PVI）又称获利指数，是指某一投资方案未来现金流入的现值，同其现金流出的现值之比。具体来说，就是把某投资项目投产后的现金流量，按照预定的贴现率折算到该项目开始建设的当年，以确定贴现后的现金流入和现金流出的数值，然后相除。当项目的初始投资在建设期内全部投入时（即项目运营期间不再追加投资），现值指数可以简化为投资方案运营期内各年净现金流量现值与初始投资额的比值。现值指数的计算公式：

$$PVI = \sum_{t=0}^{n} \frac{I_t}{(1+i)^t} \div \sum_{t=0}^{n} \frac{O_t}{(1+i)^t}$$

式中：n 表示投资涉及的年限；I_t 表示第 t 年的现金流入量；O_t 表示第 t 年的现金流出量；i 表示预定的贴现率。

（二）现值指数法的决策标准

现值指数法的决策标准：如果投资方案的现值指数≥1，该方案为可行方案；如果投资方案的现值指数<1，该方案为不可行方案；如果多个方案的现值指数均≥1，那么现值指数最大的方案为最优方案。

（三）现值指数法的优缺点

现值指数法的优缺点与净现值法基本相同，但有一个重要的区别：现值指数法可以从动态的角度反映项目的投入与产出之间的关系，可以弥补净现值法在投资额不同方案之间不能比较的缺陷，使投资方案之间可直接用现值指数进行对比。其缺点除了无法直接反映投资项目的实际收益率外，计算起来也较为复杂。

四、实训注意事项

1. 进行本项目实训之前要对现值指数有一定的理解；
2. 能够结合实际准确获取计算公式中的相关指标数据；
3. 该实训项目的计算对于 Excel 的应用没有特别的要求，学生可根据具体情况加以使用。

五、实训案例

【技能训练 1-4】苏润公司有三个投资方案，有关数据资料见表 1-3，假设 $i = 10\%$。

要求：根据现值指数法，苏润公司可选择哪个方案进行投资？

解析：采用现值指数法，计算三个方案的现值指数。

PVI（A）= 21 668.92 ÷ 20 000 = 1.08

PVI（B）= 10 557.12 ÷ 9 000 = 1.17

表1-3　　　　　　　　　　　投资方案现金净流量计算表　　　　　　　　　　单位：元

期间	A方案		B方案		C方案	
	净收益	现金净流量	净收益	现金净流量	净收益	现金净流量
0		(20 000)		(9 000)		(12 000)
1	1 800	11 800	(1 800)	1 200	600	4 600
2	3 240	13 240	3 000	6 000	600	4 600
3			3 000	6 000	600	4 600
合计	5 040	5 040	4 200	4 200	1 800	1 800

PVI（C）= 11 439.28 ÷ 12 000 = 0.95

A、B方案的现值指数大于1，说明投资报酬率超过预定的贴现率10%；C方案的现值指数小于1，说明该方案的报酬率达不到预定的贴现率10%。如果现值指数等于1，说明贴现后现金流入等于现金流出，投资报酬率与预定贴现率相同。因而A、B方案可行，C方案不可行。

技能点5　内含报酬率法

一、实训任务

运用内含报酬率法进行投资分析

二、实训材料

1. 投资方案相关数据资料
2. 计算工具

三、实训内容

（一）认知内含报酬率

内含报酬率（Internal Rate of Return，IRR）又称为内部收益率，是指能使未来现金流入的现值等于未来现金流出的现值的贴现率，或者说是使投资方案净现值为零的贴现率。内含报酬率的计算公式：

$$\sum_{t=0}^{n}\frac{I_t}{(1+IRR)^t} - \sum_{t=0}^{n}\frac{O_t}{(1+IRR)^t} = 0$$

或：

$$\sum_{t=0}^{n}(I_t - O_t) \times (P/F, IRR, t) = 0$$

式中：n 表示投资涉及的年限；I_t 表示第 t 年的现金流入量；O_t 表示第 t 年的现金流出量；IRR 表示内含报酬率，（P/F，IRR，t）表示第 t 年以 IRR 为折现率的复利现值系数。

在计算内含报酬率时，首先判断经营期内各年现金流量是否相等。

（1）经营期内各年现金流量不等时

内含报酬率（*IRR*）的计算，通常需要使用"逐步测试法"，首先估计一个贴现率，用它来计算投资方案的净现值；如果净现值为正数，说明方案本身的报酬率超过预计的贴现率，应提高贴现率再测试；如果净现值为负数，说明方案本身的报酬率低于预计的贴现率，应降低贴现率再测试。经过多次测试，寻找出使净现值接近于零的贴现率，即为投资方案的内含报酬率。

（2）经营期内各年现金流量相等时

经营期内各年现金流量相等时，各期的现金流入为年金形式，内含报酬率可通过年金现值表来确定，不需要逐步测试。

（二）内含报酬率的决策标准

内含报酬率的决策标准是：如果投资方案的内含报酬率大于资金成本，该方案为可行方案；如果投资方案的内含报酬率小于资金成本，该方案为不可行方案；如果多个方案的投资额相同，并且内含报酬率均大于资金成本，那么内含报酬率与资金成本之间差异最大的方案为最优方案；如果多个方案的投资额不相同，并且内含报酬率均大于资金成本，那么内含报酬率和资金成本之间差异同投资额的乘积最大的方案为最优方案。

（三）内含报酬率法的优缺点

内含报酬率法的优点是考虑了货币的时间价值，能从动态的角度直接反映投资项目的实际收益水平，且不受行业基准收益率的影响，比较客观。

内含报酬率法的缺点是计算过程较烦琐，当经营期大量追加投资时，有可能导致多个 IRR 的出现，缺乏实际意义。

四、实训注意事项

1. 进行本项目实训之前要对内含报酬率有一定的理解；

2. 能够结合实际准确获取计算公式中的相关指标数据；

3. 计算方案内含报酬率时必须区分经营期内各年现金流量是否相等；

4. 该实训项目的计算对于 Excel 的应用要求：掌握运用财务函数"IRR"来计算内含报酬率指标的方法。

五、实训案例

【技能训练1-5】苏润公司有三个投资方案，有关数据资料见表1-4，假设 $i = 10\%$。

表1-4   投资方案现金净流量计算表   单位：元

期间	A方案		B方案		C方案	
	净收益	现金净流量	净收益	现金净流量	净收益	现金净流量
0		(20 000)		(9 000)		(12 000)
1	1 800	11 800	(1 800)	1 200	600	4 600
2	3 240	13 240	3 000	6 000	600	4 600
3			3 000	6 000	600	4 600
合计	5 040	5 040	4 200	4 200	1 800	1 800

要求：根据内含报酬率法，苏润公司可选择哪个方案进行投资？

解析：根据资料，我们发现A方案和B方案经营期的各期现金流量不一致，因此采用逐步测试法。

当预定的贴现率为10%时，NPV（A）>0，说明A方案的报酬率大于10%，应提高贴现率再测试。

当预定的贴现率为18%时：

NPV（A）＝（11 800 × 0.8475 + 13 240 × 0.7182）− 20 000 ＝ − 490.53（元）

当预定的贴现率为16%时：

NPV（A）＝（11 800 × 0.8621 + 13 240 × 0.7432）− 20 000 ＝ 12.75（元）

可见，当估计的贴现率为16%时，NPV（A）＝ 12.75已接近于零，可以认为A方案的内含报酬率近似为16%。

如果对测试结果不满意，可用内插公式求出精确的报酬率。原理如图1-1所示。

$$16\% \qquad\qquad IRR \qquad\qquad\qquad 18\%$$

图1-1　内插公式原理

$$NPV = 12.75 \qquad\qquad NPV = 0 \qquad\qquad\qquad NPV = -490.53$$

计算公式如下：

$$IRR = i_1 + \frac{NPV_1}{NPV_1 + \left| NPV_2 \right|} \times (i_2 - i_1)$$

式中：i_1表示使净现值大于零的较低的贴现率；i_2表示使净现值小于零的较高的贴现率；NPV_1表示用较低的贴现率计算的净现值；NPV_2表示用较高的贴现率计算的净现值。

将A方案测试的结果代入公式：

$$IRR(A) = 16\% + \frac{12.75}{12.75 + 490.53} \times (18\% - 16\%) = 16.05\%$$

同理：

当预定的贴现率为18%时：

NPV（B）＝（1 200 × 0.8475 + 6 000 × 0.7182 + 6 000 × 0.6086）− 9 000 ＝ − 22.2（元）

当预定的贴现率为16%时：

NPV（B）＝（1 200 × 0.8621 + 6 000 × 0.7432 + 6 000 × 0.6407）− 9 000 ＝ 337.92（元）

$$IRR(B) = 16\% + \frac{337.92}{337.92 + 22.20} \times (18\% - 16\%) = 17.88\%$$

根据资料，投资方案C经营期内各年现金流量相等，可以直接求内含报酬率。

12 000 ＝ 4 600 ×（P/A，IRR，3）

（P/A，IRR，3）＝ 2.6087

查表：当$n = 3$、$i = 7\%$时，年金现值系数为2.6243；当$n = 3$、$i = 8\%$时，年金现值系数为2.5771。

$$IRR(C) = 7\% + \frac{2.6243 - 2.6087}{2.6243 - 2.5771} \times (8\% - 7\%) = 7.33\%$$

计算出方案的内含报酬率后，可根据企业的资金成本或要求的最低投资报酬率来对方案进行取舍。由题意可知资金成本为10%，由于 *IRR*（A）和 *IRR*（B）均大于10%，所以A、B方案可行；而 *IRR*（C）小于10%，所以C方案不可行。

任务二　项目管理实训

技能点6　挣值法

一、实训任务

运用挣值法进行项目管理

二、实训材料

1. 项目管理相关数据资料
2. 计算工具

三、实训内容

（一）认知挣值法

挣值（Earned Value，EV）也称赢得值或盈余值，是指项目实施过程中已完成工作的价值，用分配给实际已完成工作的预算来表示。挣值法，是一种通过分析项目实施与项目目标期望值之间的差异，从而判断项目实施的成本、进度绩效的方法。

（二）挣值法计算原理

挣值法主要是支持项目绩效管理的，最核心的目的是比较项目实际与计划的差异，关注的是实际中的各个项目任务，在内容、时间、质量、成本等方面与计划的差异情况，然后根据这些差异，可以对项目中剩余的任务进行预测、调整和控制。挣值法广泛适用于项目管理中的项目实施、项目后评价等阶段。挣值法的评价基准包括成本基准和进度基准，通常可以用于检测实际绩效与评价基准之间的偏差。

（三）挣值法的核心思想

单纯地使用时间进度的计划值和实际值进行比较，或者单纯地使用项目成本的预算值和实际值进行比较，都不能保证全面反映项目管理本身的绩效，必须看实际完成工作的效果。只有在完成同样工作任务的前提下，时间、成本的差异才有可比性。使用挣值这一指标来表示实际完成的工作所对应的预算成本，在计划和实际之间建立了一个桥梁。其核心思想有以下几点：

1. 用成本指标来表示每个项目任务的价值，集中反映项目任务的时间、资源、成本、复杂度等多方面因素的影响。

2. 在实际完成同样工作的前提下，比较预算成本和实际成本之差，得到成本差异。换个角度来说，不管项目组实际花费了多大代价，也只能挣到预算中为这些任务安排的预算价值，超出的部分看作项目中浪费的。实际中这种算法也可以平衡由于项目范围差异所带来的成本差异。

3.在花费同样成本的前提下，计划中应完成的任务与实际完成任务进行比较，得到进度差异。这里的进度是完成项目任务（工作量）的进度，不是单纯的时间进度。

（四）挣值法的主要指标

1.指标：$BCWS$（Budget Cost for Work Scheduled）表示计划的任务对应的预算成本；$ACWP$（Actual Cost for Work Performed）表示实际完成的任务对应的实际成本；$BCWP$（Budget Cost for Work Performed）表示实际完成的任务对应的预算成本，就是挣值（EV）。

2.成本差异：$CV = BCWP - ACWP$，对实际完成的任务，比较对应的预算成本和实际成本。当$CV>0$时，表示已完成任务使用的实际成本低于预算成本，说明成本节约，工作效率高；当$CV = 0$时，表示已完成任务使用的实际成本等于预算成本，效率达到预定目标；当$CV<0$时，表示已完成任务使用的实际成本高于预算成本，工作效率低。

3.进度差异：$SV = BCWP - BCWS$，比较实际完成的任务对应的预算值和计划的任务对应的预算值。当$SV>0$时，表示已完成任务的预算值超过计划预算值，实际进度快于计划进度，进度提前；当$SV = 0$时，表示已完成预算值等于计划预算值，实际进度等于计划进度；当$SV<0$时，表示已完成预算值小于计划预算值，实际进度落后于计划进度，进度推迟。

4.成本绩效指数：$CPI = BCWP \div ACWP$，是已完成任务的预算成本÷已完成任务的实际成本，反映实际成本和预算成本之间的偏离程度。当$CPI>1$时，表示已完成任务使用的实际成本低于预算成本，说明成本节约；当$CPI = 1$时，表示实际成本与预算成本相等；当$CPI<1$时，表示实际成本超出预算成本。

5.进度绩效指数：$SPI = BCWP \div BCWS$，是实际完成任务预算成本÷计划完成任务预算成本，反映实际进度与计划进度之间的偏离程度。当$SPI>1$时，表示实际进度比计划进度快，进度提前；当$SPI = 1$时，表示实际进度与计划相符；当$SPI<1$时，表示实际进度落后于计划进度。

（五）挣值法的优缺点

挣值法的优点：（1）能够有效地预测出项目的未来发展趋势，及时控制进度和成本；（2）当出现不利偏差时，能够及时调整。

挣值法的缺点：（1）不利于事前控制；（2）准确测算任务的挣值比较困难。

四、实训注意事项

1.进行本项目实训之前要对挣值法有一定的理解；

2.能够结合实际准确获取计算公式中的相关指标数据；

3.该实训项目的计算对于Excel的应用没有特别的要求，学生可根据具体情况加以使用。

五、实训案例

【技能训练1-6】某装饰工程公司承接一项酒店装修改造工程，前5个月各月完成费用情况见表1-5。合同总价1 500万元，总工期6个月。

表1-5　　　　　　　　　　酒店装修改造费用完成情况表　　　　　　　　　单位：万元

月份	计划完成工作预算费用BCWS	已经完成工作量（%）	实际发生费用	挣值
1	180	95	185	
2	220	100	205	
3	240	110	250	
4	300	105	310	
5	280	100	275	

要求：

（1）计算各月的 BCWP 及5个月累计的 BCWP。

（2）计算5个月累计的 BCWS 和 ACWP。

（3）计算5个月的成本偏差 CV、进度偏差 SV，并分析成本和进度状况。

（4）计算5个月的成本绩效指数 CPI、进度绩效指数 SPI，并分析成本和进度状况。

解析：

（1）各月的 BCWP 计算结果见下表。其中：BCWP = BCWS × 已经完成工作量的百分比，5个月的 BCWP 合计为1 250万元（见表1-6）。

表1-6　　　　　　　　　　　挣值计算表　　　　　　　　　　　　单位：万元

月份 ①	计划完成工作预算成本BCWS ②	已经完成工作量（%） ③	实际发生成本 ④	挣值 ⑤＝②×③
1	180	95	185	171
2	220	100	205	220
3	240	110	250	264
4	300	105	310	315
5	280	100	275	280
合计	1 220		1 225	1 250

（2）从表1-6可见，5个月累计的 BCWS 为1 220万元，ACWP 为1 225万元。

（3）成本偏差 CV = BCWP − ACWP = 1 250 − 1 225 = 25万元，由于 CV>0，表明实际成本低于计划的预算值，说明成本节约。

进度偏差 SV = BCWP − BCWS = 1 250 − 1 220 = 30万元，由于 SV>0，表明已完成工作预算成本大于计划完成工作预算成本，说明进度提前。

（4）成本绩效指数 CPI = BCWP ÷ ACWP = 1 250 ÷ 1 225 = 1.0204，CPI>1，说明成本节约；进度绩效指数 SPI = BCWP ÷ BCWS = 1 250 ÷ 1 220 = 1.0246，SPI>1，说明进度提前。

技能点7 成本效益法

一、实训任务

运用成本效益法进行项目管理

二、实训材料

1. 项目管理相关数据资料
2. 计算工具

三、实训内容

（一）认知成本效益法

成本效益法，是指通过比较项目不同实现方案的全部成本和效益，以寻求最优投资决策的一种项目管理方法。其中，成本指标包括项目的执行成本、社会成本等；效益指标包括项目的经济效益、社会效益等。成本效益法属于事前控制方法，适用于项目可行性研究阶段。

（二）成本效益法的步骤

1. 确定购买新产品或一个商业机会中的成本；
2. 确定额外收入的效益；
3. 确定可节省的费用；
4. 制定预期成本和预期收入的时间表；
5. 评估难以量化的效益和成本。

（三）成本效益法的优缺点

成本效益法的优点：（1）普适性较强，是衡量管理决策可行性的基本依据；（2）考虑了评估标的经济与社会、直接与间接、内在与外在、短期与长期等各个维度的成本和收益，具有较强的综合性。

成本效益法的缺点：（1）属于事前评价，评价方法存在的不确定性因素较多；（2）综合考虑了项目的各方面，除了经济效益以外的其他效益存在较大的量化难度。

四、实训注意事项

1. 进行本项目实训之前要对成本效益法有一定的理解；
2. 能够结合实际准确获取计算公式中的相关指标数据；
3. 该实训项目的计算对于Excel的应用没有特别的要求，学生可根据具体情况加以使用。

五、实训案例

【技能训练1-7】华田种植场为玉米种植企业，预计未来5年的种植面积和用种量分别为：20万亩、60万亩、100万亩、200万亩、250万亩，每年用种量分别为40万千克、120万千克、200万千克、400万千克、500万千克，以下成本和效益分析等数据以目前的市场价格计算。目前玉米种子销售价格为12元/千克，5年销量分别为40万千克、120万千克、200万千克、400万千克、500万千克。运输仓储加工包装费为每亩3.7万元，销售费用为每亩1.9万元，管理费用和折旧为每亩1.9万元。

要求：根据上述材料进行成本效益分析。

解析：

（1）产品成本分析（见表1-7）。

表1-7　　　　　　　　　　　　　　　　产品成本分析表　　　　　　　　　　　　　　单位：元

序号	项目	第一年	第二年	第三年	第四年	第五年
1	人工费	64	198	320	640	800
2	材料费	120	360	600	1 200	1 500
3	制造费	32	96	160	320	400
4	管理费	32	96	160	320	400
5	总成本	248	750	1 240	2 480	3 100

（2）经济效益分析（见表1-8）。

表1-8　　　　　　　　　　　　　　　　经济效益分析表　　　　　　　　　　　　　　单位：元

项目	第一年	第二年	第三年	第四年	第五年
总收入	480	1 440	2 400	4 800	6 000
产品销售收入	480	1 440	2 400	4 800	6 000
总成本	398	1 200	1 990	3 980	4 975
生产总成本	248	750	1 240	2 480	3 100
运输储藏加工包装	74	222	370	740	925
销售费用	38	114	190	380	475
管理费用和折旧	38	114	190	380	475
净利润	82	240	410	820	1 025

技能点8　价值工程法

一、实训任务

运用价值工程法进行项目管理

二、实训材料

1. 项目管理相关数据资料
2. 计算工具

三、实训内容

（一）认知价值工程法

价值工程法，是指对研究对象的功能和成本进行系统分析，比较为获取的功能而发生的成本，以提高研究对象价值的管理方法。

价值工程是一种用最低的总成本可靠地实现产品或劳务的必要功能，着重于进行功能分析的有组织的活动。价值的表达式为：

$$价值（V）= 功能（F）/成本（C）$$

这里所讲的价值是指某种产品（劳务或工程）的功能与成本的相对关系，也就是功能与成本的对比值。功能是指产品的用途和作用，即产品所担负的职能或者说产品所具有的性能。成本指产品周期成本，即产品在研制、生产、销售、使用过程中全部耗费的成本之和。衡量价值的大小主要看功能（F）与成本（C）的比值如何。人们一般对商品有"价廉物美"的要求，"物美"实际上就是反映商品的性能，即质量水平；"价廉"就是反映商品的成本水平，顾客购买时考虑"合算不合算"就是针对商品的价值而言的。

（二）价值工程法的主要特点

价值工程法以提高价值为目的，要求以最低的寿命周期成本实现产品的必要功能；以功能分析为核心；以有组织、有领导的活动为基础；以科学的技术方法为工具。提高价值的基本途径有5种，即：

（1）提高功能，降低成本，大幅度提高价值 $F\uparrow C\downarrow = V\uparrow\uparrow$。

（2）功能不变，成本降低，提高价值 $F\rightarrow C\downarrow = V\uparrow$。

（3）功能有所提高，成本保持不变，从而提高价值 $F\uparrow C\rightarrow = V\uparrow$。

（4）功能略有下降，成本大幅度降低，从而提高价值 $F\downarrow C\downarrow\downarrow = V\uparrow$。

（5）以成本的适当提高换取功能的大幅度提高，从而提高价值 $F\uparrow\uparrow C\uparrow = V\uparrow$。

（三）价值工程法的操作步骤

1. 选择价值工程的对象并明确目标、限制条件和分析范围；

2. 根据价值工程对象的特点，组成价值工程工作小组；

3. 制订工作计划，包括具体执行人、执行日期、工作目标等；

4. 收集整理与对象有关的全部信息资料；

5. 通过分析信息资料，简明准确地表述对象的功能，明确功能的特征要求，并绘制功能系统图；

6. 运用某种数量形式表达原有对象各功能的大小，求出原有对象各功能的当前成本，并依据对功能大小与功能当前成本之间关系的研究，确定应当在哪些功能区域改进原有对象，并确定功能的目标成本；

7. 依据功能系统图、功能特性和功能目标成本，通过创新性的思维和活动，提出实现功能的各种不同方案；

8.从技术、经济和社会等方面评价所提出的方案，看其是否能实现规定的目标，从中选择最佳方案；

9.将选出的方案及有关的经济资料和预测的效益编写成正式的提案；

10.组织提案审查，并根据审查结果签署是否实施的意见；

11.根据具体条件及内容，制订实施计划，组织实施，并指定专人在实施过程中跟踪检查，记录全程的有关数据资料，必要时，可再次召集价值工程工作小组提出新的方案；

12.根据提案实施后的技术经济效果，进行成果鉴定。

（四）价值工程法的优缺点

价值工程法的优点：（1）把项目的功能和成本联系起来，使项目的功能结构更加合理；（2）注重有效利用资源，有助于实现项目整体成本的最优化。

价值工程法的缺点：涉及的学科性质、其他领域的广度和深度等都存在很大差别，导致功能的内涵、结构和系统特征必然具有实质性区别。

四、实训注意事项

1.进行本项目实训之前要对价值工程法有一定的理解；

2.能够结合实际准确获取计算公式中的相关指标数据；

3.该实训项目的计算对于Excel的应用没有特别的要求，学生可根据具体情况加以使用。

五、实训案例

【技能训练1-8】某开发公司在某公寓建设工作中采用价值工程法对其施工方案进行了分析。现有三个方案，经有关专家分析论证得到的数据见表1-9。

表1-9   相关数据表

方案功能	重要性系数	得分		
		A	B	C
F1	0.227	9	10	9
F2	0.295	10	10	8
F3	0.159	9	9	10
F4	0.205	8	8	8
F5	0.114	9	7	9
单方造价（元/平方米）		1 420	1 230	1 150

要求：

（1）计算各方案的功能系数；

（2）计算各方案的成本系数；

（3）计算各方案的价值系数；

（4）进行方案选择。

解析：

（1）各方案的功能得分：

F（A）= $9 \times 0.227 + 10 \times 0.295 + 9 \times 0.159 + 8 \times 0.205 + 9 \times 0.114 = 9.090$

F（B）= $10 \times 0.227 + 10 \times 0.295 + 9 \times 0.159 + 8 \times 0.205 + 7 \times 0.114 = 9.089$

F（C）= $9 \times 0.227 + 8 \times 0.295 + 10 \times 0.159 + 8 \times 0.205 + 9 \times 0.114 = 8.659$

总得分：F（A）+ F（B）+ F（C）= 26.838

则功能系数为：

A：9.090/26.838 = 0.339

B：9.089/26.838 = 0.339

C：8.659/26.838 = 0.323

（2）各方案的成本系数：

A：1 420/（1 420 + 1 230 + 1 150）= 0.374

B：1 230/（1 420 + 1 230 + 1 150）= 0.324

C：1 150/（1 420 + 1 230 + 1 150）= 0.303

（3）各方案的价值系数：

A：0.339/0.374 = 0.906

B：0.339/0.324 = 1.046

C：0.323/0.303 = 1.066

（4）方案选择：

方案C的价值系数最高，故方案C为最优方案。

任务三　筹资决策实训

技能点9　预测资金需求量

一、实训任务

运用销售百分比法和线性回归分析法计算资金需求量

二、实训材料

1.资金需求量预测相关数据资料

2.计算工具

三、实训内容

资金是企业进行生产经营活动的基本条件，企业的资金需求量是企业为达到生产经营的预期目标所需要的资金数额。正确预测资金需求量，是企业财务预测的一个重要内容。资金需求量预测方法主要有销售百分比法和线性回归分析法。

（一）认知销售百分比法

销售百分比法是指假定资产、负债、费用等与销售收入存在稳定的百分比关系，并根据预计销售额和相应的百分比去预计资产、负债和所有者权益变动，然后利用会计等式确定融资需求的一种方法。

销售百分比法一般有如下四个步骤：

第一步：计算百分比。根据基期的资产、负债和所有者权益等项目的金额及基期收入额计算销售百分比，包括流动资产销售百分比、长期资产销售百分比、应付款项销售百分比、预提费用销售百分比等。

第二步：计算预测期的资产、负债等项目的金额。根据基期的有关销售百分比和预测期收入额，分别计算预测期的资产、负债数额。与销售额无关的项目金额按基期金额计算。

第三步：计算留存收益的增加额。根据预测期销售收入额、净利率和留存收益率或股利支付率计算预测期留存收益的增加额。

第四步：计算外部融资需求。根据会计公式计算外部融资需求：

外部融资需求 = 预计总资产 − 预计总负债 − 预计股东权益

（二）认知线性回归分析法

线性回归分析法是假定资金需求量与业务量之间存在线性关系并建立数学模型，然后根据历史有关资料，用回归直线方程预测资金需求量的一种方法。

其预测的数学模型为：

$$y = a + bx$$

式中：y 表示资金需求量；a 表示不变资金；b 表示单位业务量所需要的变动资金；x 表示业务量。

四、实训注意事项

1. 进行本项目实训之前要对销售百分比法和线性回归分析法有一定的理解。

2. 销售百分比法需要利用预测年度前连续若干年的历史资料，求出资产、负债等项目与销售收入存在的稳定的比例关系；应注意剔除非正常因素的影响。

3. 运用线性回归分析法必须注意以下问题：资金需求量与营业业务量之间线性关系的假定应符合实际需要；确定 a、b 值，需要利用预测年度前连续若干年的历史资料，一般要有三年或三年以上的资料；应考虑价格等因素的变动情况。

五、实训案例

【技能训练1-9】苏润公司 2024 年的销售收入为 20 万元，现在还有剩余生产能力，即增加收入不需要进行固定资产方面的投资。假定销售净利率为 10%，预计 2025 年的销售收入增加20%。苏润公司2024年12月31日的资产负债表（部分项目）见表1-10。

表1-10　　　　　　　　　苏润公司资产负债表（部分项目）　　　　　　　　单位：元

资　产		负债和所有者权益	
货币资金	10 000	应付账款	20 000
应收账款	30 000	应付费用	10 000
存货	60 000	短期借款	50 000
固定资产净值	60 000	应付债券	20 000
		实收资本	40 000
		留存收益	20 000
资产合计	160 000	权益合计	160 000

要求：请用销售百分比法预测2025年对外筹资需求量。

解析：

（1）根据历史数据确定销售百分比。

根据苏润公司历史数据，计算得出资产、负债和所有者权益项目与销售收入关系见表1-11。

表1-11　　　　　　　　　　　苏润公司销售百分比表

资　产	占销售收入百分比	负债和所有者权益	占销售收入百分比
货币资金	5%	应付账款	10%
应收账款	15%	应付费用	5%
存货	30%	短期借款	不变动
固定资产净值	不变动	应付债券	不变动
		实收资本	不变动
		留存收益	没有固定比例关系

（2）运用一定方法预测销售额。

销售额的预测方法有多种，这里选用销售增长率法来预测2025年的销售额。2025年的预测销售额=20×（1+20%）=24（万元）。

（3）计算预计销售额下的资产、负债、留存收益的数额。

①资产：

货币资金=24×5%=1.2（万元）

应收账款=24×15%=3.6（万元）

存货=24×30%=7.2（万元）

预计总资产=1.2+3.6+7.2+6=18（万元）

②负债：

应付账款 = 24 × 10% = 2.4（万元）

应付费用 = 24 × 5% = 1.2（万元）

预计总负债 = 2.4 + 1.2 + 5 + 2 = 10.6（万元）

③留存收益：

假定销售净利率为10%，苏润公司的净利润预测为2.4万元（24 × 10%）。

假定苏润公司2025年的留存收益率为40%。

留存收益增加额 = 2.4 × 40% = 0.96（万元）

预计2025年的所有者权益 = 4 + 2 + 0.96 = 6.96（万元）

（4）计算外部融资需求量。

外部融资需求量 = 预计总资产 − 预计总负债 − 预计所有者权益

$$= 18 − 10.6 − 6.96 = 0.44（万元）$$

【技能训练1-10】 东方公司2022年至2024年的销售额和资金需求量数据见表1-12。2025年的预计销售额为3 600万元。

表1-12　　　　　　　　　　东方公司销售额与资金需求量表　　　　　　　　　　单位：万元

年　　度	销售额 x	资金需求量 y
2022	2 000	1 000
2023	2 400	1 200
2024	3 000	1 400

要求：运用线性回归分析法预测完成2025年销售额所需要的资金量。

解析：

第一步，根据资料整理计算出线性回归分析资料，见表1-13。

表1-13　　　　　　　　　　回归直线方程数据计算表　　　　　　　　　　单位：万元

年　　度	销售额 x	资金需求量 y	xy	x^2
2022	2 000	1 000	2 000 000	4 000 000
2023	2 400	1 200	2 880 000	5 760 000
2024	3 000	1 400	4 200 000	9 000 000
$n = 3$	$\sum x = 7\ 400$	$\sum y = 3\ 600$	$\sum xy = 9\ 080\ 000$	$\sum x^2 = 18\ 760\ 000$

第二步，建立方程组，代入数据计算 a、b 值。

求得 a、b 值为：

$a = 226.3158$　　$b = 0.3947$

第三步，代入 a、b 值，建立直线方程式。

$y = 226.3158 + 0.3947x$

第四步，根据2025年预测的销售量，计算2025年预计资金需求量。

$y = 226.3158 + 0.3947 × 3\ 600 = 1\ 647.24（万元）$

技能点10 计算个别资本成本

一、实训任务

计算各类型资本成本

二、实训材料

1. 筹资方案相关数据资料
2. 计算工具

三、实训内容

个别资本成本是指某种单一来源资本的成本。例如银行借款成本、债券成本、优先股成本、普通股成本和留存收益成本等。前两种为债务资本成本，后三种为权益资本成本。

（一）认知银行借款成本

银行借款成本是指使用银行借款需要付出的代价，具体来说，银行借款成本包括利息支出及支付的各种筹资费用减去因利息支出而少交的所得税。借款利息计入税前成本费用，可以起到抵税的作用。一次还本、分期付息借款的资本成本为：

$$K_l = \frac{I_l(1-T)}{L(1-F_l)}$$

式中：K_l 为银行借款资本成本；I_l 为银行借款利息；T 为所得税税率；L 为银行借款额（借款本金）；F_l 为银行借款筹资费用率。

上述公式也可以改为以下形式：

$$K_l = \frac{R_l(1-T)}{1-F_l}$$

式中：R_l 为银行借款的利率。

（二）认知债券成本

债券成本主要指债券利息和筹资费用。债券利息的处理与长期借款利息的处理相同，应以税后的债务成本为计算依据。债券的筹资费用主要包括申请发行债券的手续费、债券注册费、印刷费、推销费以及上市费等，一般比较高，不可在计算资金成本时省略。按照一次还本、分期付息的方式，债券资金成本的计算公式为：

$$K_b = \frac{I_b(1-T)}{B(1-F_b)}$$

式中：K_b 为债券资金成本；I_b 为债券年利息；T 为所得税税率；B 为债券筹资额；F_b 为债券筹资费用率。

上述公式也可以改为以下形式：

$$K_b = \frac{R_b(1-T)}{1-F_b}$$

式中：R_b 为债券利率。

（三）认知优先股成本

企业发行优先股，既要支付筹资费用，又要定期支付股利，有点类似于债券，但与债券不同的是，优先股股利是从税后利润中支付的，没有抵税作用。优先股成本的计算公式为：

$$K_p = \frac{D_p}{P_p(1-F_p)}$$

式中：K_p 为优先股成本；D_p 为优先股股利；P_p 为优先股发行价格；F_p 为优先股筹资费用率。

（四）认知普通股成本

普通股成本的计算不同于债券成本和优先股成本的计算。债券和优先股的用资费用在整个合同规定的用资期间内通常是固定不变的，各年的资本成本保持不变，而普通股的用资费用不是固定的，要根据企业经营业绩的好坏及股利政策而定。这也就使得普通股相对于其他筹资工具而言，其成本难以估算，但从理论上来说，仍可根据普通股的定价模型推导出成本计算公式。

1.股利贴现模型

（1）根据零增长股利的股票定价模型可以推导出普通股成本计算公式为：

$$K_s = \frac{D_s}{P_s(1-F_s)}$$

式中：K_s 为普通股成本；D_s 为普通股固定股利支付额；P_s 为普通股发行价格；F_s 为普通股筹资费用率。

（2）根据固定增长股利的股票定价模型可以推导出普通股成本计算公式为：

$$K_s = \frac{D_s}{P_s(1-F_s)} + g$$

式中：K_s 为普通股成本；D_s 为普通股固定股利支付额；P_s 为普通股发行价格；F_s 为普通股筹资费用率；g 为固定股利增长率。

2.资本资产定价模型

根据资本资产定价模型，普通股成本的计算公式为：

$$K_s = R_s = R_f + \beta \times (R_m - R_f)$$

式中：K_s 为普通股成本；R_s 为普通股必要报酬率；R_f 为无风险报酬率；β 为股票的贝塔系数；R_m 为平均风险股票必要报酬率。

3.风险溢价法

根据某项投资"风险越大，要求报酬率越高"的原理，普通股股东对企业的投资风险大于债券投资者，因而会在债券投资者要求的收益率上再要求一定的风险溢价。依照这一理论，普通股成本计算公式为：

$$K_s = K_b + RP_c$$

式中：K_s 为普通股成本；K_b 为债务成本；RP_c 为股东比债权人承担更大风险所要求的

风险溢价。

债务成本（长期借款成本、债券成本等）比较容易计算，难点在于确定 RP_c（风险溢价）。风险溢价可以凭借经验估计。一般认为，某企业普通股风险溢价对其自己发行的债券来讲，在3%~5%之间，当市场利率达到历史性高点时，风险溢价通常较低，在3%左右；当市场利率处于历史性低点时，风险溢价通常较高，在5%左右；而通常情况下，常常采用4%的平均风险溢价。这样，普通股成本则为：

$$K_s = K_b + 4\%$$

（五）认知留存收益成本

留存收益是企业税后利润中被留在企业内部用于未来发展而没有作为股利发放给投资人的那部分收益。留存收益作为所有者权益的一部分，与采用普通股方式筹集来的资金相比，没有资金筹集费用。因此，留存收益成本相当于没有筹资费用的普通股成本。同样可以根据上述模型进行计算。

四、实训注意事项

1. 进行本项目实训之前要对各资本成本计算方法有一定的理解；
2. 银行借款的筹资费用（主要是借款的手续费）很少时，可以忽略不计；
3. 在计算债券成本时，必须注意债券的发行方式：等价发行、溢价发行还是折价发行。

五、实训案例

【技能训练1-11】2024年苏润公司发生了下列经济业务：

（1）取得5年期长期借款200万元，年利率为7%，每年付息一次，到期一次还本，筹资费用率为0.5%，公司所得税税率为25%。

（2）发行总面额5 000万元的10年期债券，票面利率为10%，发行费用率为5%，发行价格为5 000万元，公司所得税税率为25%。

（3）发行面额5 000万元的10年期债券，票面利率为10%，发行费用率为5%，发行价格为6 000万元，公司所得税税率为25%。

（4）发行面额为5 000万元的10年期债券，票面利率为10%，发行费用率为5%，发行价格为4 000万元，公司所得税税率为25%。

（5）发行优先股总面额2 000万元，按面值发行，筹资费用率为6%，年股利率为10%。

（6）普通股每股发行价为20元，筹资费率为6%，假定每年发放固定股利为每股1元。

（7）普通股每股发行价为20元，筹资费率为6%，假定第1年发放股利为每股1元，以后每年增长4%。

（8）假定市场无风险报酬率为4%，平均风险股票必要报酬率为10%，苏润公司普通股 β 值为1.5。

要求：计算上述筹资方案的资本成本。

解析：

（1）该项长期借款的资本成本为：$K_l = \dfrac{R_l(1-T)}{1-F_l} = \dfrac{7\% \times (1-25\%)}{1-0.5\%} = 5.28\%$

（2）该债券的资本成本为：$K_b = \dfrac{I_b(1-T)}{B(1-F_b)} = \dfrac{5\,000 \times 10\% \times (1-25\%)}{5\,000 \times (1-5\%)} = 7.89\%$

（3）该债券的资本成本为：$K_b = \dfrac{I_b(1-T)}{B(1-F_b)} = \dfrac{5\,000 \times 10\% \times (1-25\%)}{6\,000 \times (1-5\%)} = 6.58\%$

（4）该债券的资本成本为：$K_b = \dfrac{I_b(1-T)}{B(1-F_b)} = \dfrac{5\,000 \times 10\% \times (1-25\%)}{4\,000 \times (1-5\%)} = 9.87\%$

（5）该优先股的资本成本为：$K_p = \dfrac{D_p}{P_p(1-F_p)} = \dfrac{2\,000 \times 10\%}{2\,000 \times (1-6\%)} = 10.64\%$

（6）该普通股的资本成本为：$K_s = \dfrac{D_s}{P_s(1-F_s)} = \dfrac{1}{20 \times (1-6\%)} = 5.32\%$

（7）该普通股的资本成本为：$K_s = \dfrac{D_s}{P_s(1-F_s)} + g = \dfrac{1}{20 \times (1-6\%)} + 4\% = 9.32\%$

（8）该普通股的资本成本为：$K_s = R_f + \beta \times (R_m - R_f) = 4\% + 1.5 \times (10\% - 4\%) = 13\%$

技能点11　选择最佳筹资方案

一、实训任务

利用加权平均资本成本选择最佳筹资方案

二、实训材料

1.筹资方案相关数据资料
2.计算工具

三、实训内容

（一）加权平均资本成本

由于受多种因素的制约，企业不可能只使用某种单一的筹资方式，往往需要通过多种方式筹集所需资金。为了进行筹资决策，就要计算确定企业全部资金的总成本——综合资本成本。综合资本成本一般用加权平均资本成本来表示。加权平均资本成本是以各种来源资本占全部资本的比重为权数，对个别资本成本进行加权平均确定的。其计算公式为：

$$K_w = \sum_{j=1}^{n} K_j \times W_j$$

式中：K_w 为加权平均资本成本；K_j 为第 j 种个别资本成本；W_j 为第 j 种个别资本占全部资本的比重（权数）。

（二）操作步骤

1.制订融资计划；
2.计算融资方案的加权平均资本成本；
3.进行融资决策分析。

四、实训注意事项

1. 进行本项目实训之前要对加权平均资本成本有一定的理解；
2. 能够结合实际准确获取计算公式中的相关指标数据；
3. 该实训项目的计算对于 Excel 的应用没有特别的要求，学生可根据具体情况加以使用。

五、实训案例

【技能训练1-12】苏润公司拟筹资 2 000 万元，现有甲、乙两个方案备选。有关资料见表1-14。

表1-14   甲、乙方案相关资料表

筹资方式	甲方案		乙方案	
	筹资额（万元）	资本成本	筹资额（万元）	资本成本
长期借款	400	6%	200	5%
债券	600	8%	800	8.5%
普通股	1 000	12%	1 000	13%
合计	2 000	—	2 000	—

要求：通过计算加权平均资本成本选择最优筹资方案。

解析：

（1）甲方案：

$K_l = 6\%$

$W_l = 400 \div 2\,000 \times 100\% = 20\%$

$K_b = 8\%$

$W_b = 600 \div 2\,000 \times 100\% = 30\%$

$K_s = 12\%$

$W_s = 1000 \div 2\,000 \times 100\% = 50\%$

甲方案的加权平均资本成本 $K_w = 6\% \times 20\% + 8\% \times 30\% + 12\% \times 50\% = 9.6\%$

（2）乙方案，同理：

$K_l = 5\%$

$W_l = 200 \div 2\,000 \times 100\% = 10\%$

$K_b = 8.5\%$

$W_b = 800 \div 2\,000 \times 100\% = 40\%$

$K_s = 13\%$

$W_s = 1000 \div 2\,000 \times 100\% = 50\%$

乙方案的加权平均资本成本 $K_w = 5\% \times 10\% + 8.5\% \times 40\% + 13\% \times 50\% = 10.4\%$

由于甲方案加权平均资本成本低于乙方案加权平均资本成本，所以应选择甲方案。

【明德善思】在投融资决策中，追求真实、务实、清廉的原则，体现了"实事求是""实践是检验真理的唯一标准"等党的二十大精神的核心理念。在风险评估与投资选择

中，谨慎、审慎的态度与"坚持党的基本路线""坚持全心全意为人民服务"等精神相互映衬，呈现出对资金的尊重和保护，同时也彰显了对社会责任的承担。在资本运作中，坚持诚信、公平、公正，遵循"党的一切工作应当以最广大人民的根本利益为最高标准"等原则，使得投融资活动更具可持续性和稳定性。做好投融资管理，不仅是企业经营的内在要求，更是社会责任的具体实践，为经济发展与社会进步提供了坚实的支撑。

项目实训

1.A公司是一家制造业上市公司，最近几年市场需求旺盛，公司正在考虑通过筹资扩大生产规模，公司适用的所得税税率为25%。A公司拟购买一批新的机器设备，该项目的初始投资额为300万元，设备使用寿命为5年，采用直线法计提折旧，5年后设备无残值。预计未来5年中该批设备每年带来的销售收入为200万元，每年付现成本为80万元。A公司所处行业平均投资报酬率为18%，A公司参照行业投资回收年限和自己对项目的预期，设定的基准投资期为3年。

要求：分别根据投资报酬率法和投资回收期法判断该项目是否可以投资。

解析：

（1）投资报酬率法

①计算年平均利润。

年平均利润 = 200 - 80 - （300 - 0）÷ 5 = 60（万元）

②计算投资报酬率。

投资报酬率 = 年平均利润 ÷ 投资总额 × 100% = 60 ÷ 300 × 100% = 20%

③判断投资项目的可行性。该项目的投资报酬率为20%，比行业平均报酬率18%高，因此是可以进行该项投资的。

（2）投资回收期法

①判断能否运用简化方法——公式法。因为每年的净现金流量都相等，满足运用公式法的基本条件。

②计算投资回收期。

投资回收期 = 初始投资额 ÷ 年净现金流量 = 300 ÷ （200 - 80）= 2.5（年）

③判断投资项目的可行性。该项目的投资回收期2.5年，小于基准投资回收期，因此可以进行该项投资。

2.近年来A公司的一号产品销量持续走高，为满足市场需求，A公司拟投资一条新的生产线。目前有甲、乙、丙三个互斥方案可供选择，三个方案的有关数据见表1-15。假定适用的贴现率 i = 10%。

要求：根据资料分别计算三个投资方案的净现值、现值指数以及内含报酬率，并根据计算结果判断A公司应选择哪种投资方案。

（1）计算三个方案各年的现金净流量：

表1-15　　　　　　　　　　　投资方案现金流量表　　　　　　　　　　单位：万元

期间	甲方案		乙方案		丙方案	
	现金流入	现金流出	现金流入	现金流出	现金流入	现金流出
0		6 000		4 500		5 000
1	3 000	700	1 800	1 200	3 800	850
2	3 000	700	4 000	1 000	4 000	690
3	3 000	700	4 000	1 000		
合计	9 000	8 100	9 800	7 700	7 800	6 540

表1-16　　　　　　　　　　各投资方案现金净流量计算表　　　　　　　　单位：万元

期间	甲方案	乙方案	丙方案
0	（6 000）	（4 500）	（5 000）
1	2 300	600	2 950
2	2 300	3 000	3 310
3	2 300	3 000	
合计	900	2 100	1 260

①净现值

A公司三项投资方案的净现值计算如下：

NPV（甲）$= 2\,300 \times 2.4868 - 6\,000 = -280.36$（万元）

NPV（乙）$= （600 \times 0.9091 + 3\,000 \times 0.8264 + 3\,000 \times 0.7513）- 4\,500$

$= 778.56$（万元）

NPV（丙）$= （2\,950 \times 0.9091 + 3\,310 \times 0.8264）- 5\,000 = 417.23$（万元）

甲方案的净现值为负数，故不可行。乙、丙方案的净现值为正数，故乙、丙两个方案为可行方案。因乙、丙两个方案的投资额不等，仅用净现值无法确定乙、丙两个投资方案的优劣。

②现值指数

A公司三项投资方案的现值指数计算如下：

PVI（甲）$= 2\,300 \times 2.4868 \div 6\,000 = 0.95$

PVI（乙）$= （600 \times 0.9091 + 3\,000 \times 0.8264 + 3\,000 \times 0.7513）\div 4\,500 = 1.17$

PVI（丙）$= （2\,950 \times 0.9091 + 3\,310 \times 0.8264）\div 5\,000 = 1.08$

甲方案的现值指数小于1，说明该方案的投资报酬率达不到预定的贴现率10%，甲方案不可行；乙、丙两个方案的现值指数大于1，说明投资报酬率超过预定的贴现率10%，乙、丙两个方案为可行方案。又因为乙、丙方案为互斥方案，而乙方案的现值指数更大，所以A公司应当选择乙方案。

③内含报酬率

根据资料，甲方案经营期内各年现金流量相等，可以直接求内含报酬率。

$6\,000 = 2\,300 \times （P/A，IRR，3）$

（P/A，IRR，3）= 2.6087

查表：当 $n = 3$、$i = 7\%$ 时，年金现值系数为 2.6243；当 $n = 3$、$i = 8\%$ 时，年金现值系数为 2.5771。

$$IRR（甲）= 7\% + \frac{2.6243 - 2.6087}{2.6243 - 2.5771} \times (8\% - 7\%) = 7.33\%$$

根据资料，乙方案和丙方案经营期的各年现金流量不一致，因此采用逐步测试法。计算如下：

当预定的贴现率为10%时，$NPV（乙）>0$，说明乙方案的内含报酬率大于10%，应提高贴现率再测试。

当 $i = 18\%$ 时：

$$NPV（乙）= (600 \times 0.8475 + 3\,000 \times 0.7182 + 3\,000 \times 0.6086) - 4\,500$$
$$= -11.10（万元）$$

当 $i = 16\%$ 时：

$$NPV（乙）= (600 \times 0.8621 + 3\,000 \times 0.7432 + 3\,000 \times 0.6407) - 4\,500$$
$$= 168.96（万元）$$

$$IRR（乙）= 16\% + \frac{168.96}{168.96 + 11.10} \times (18\% - 16\%) = 17.88\%$$

同理，当预定的贴现率为10%时，$NPV（丙）>0$，说明丙方案的内含报酬率大于10%，应提高贴现率再测试。

当 $i = 18\%$ 时：

$$NPV（丙）= (2\,950 \times 0.8475 + 3\,310 \times 0.7182) - 5\,000$$
$$= -122.63（万元）$$

当 $i = 16\%$ 时：

$$NPV（丙）= (2\,950 \times 0.8621 + 3\,310 \times 0.7432) - 5\,000$$
$$= 3.19（万元）$$

$$IRR（丙）= 16\% + \frac{3.19}{3.19 + 122.63} \times (18\% - 16\%) = 16.05\%$$

（2）根据计算出来的内含报酬率和假定的贴现率10%，$IRR（甲）$ 小于10%，因而甲方案不可行；$IRR（乙）$ 和 $IRR（丙）$ 均大于10%，乙、丙两个方案为可行方案。又因为乙、丙方案为互斥方案，而乙方案的内含报酬率更大，所以A公司应当选择乙方案。

3.A公司在2025年1月开始对新增生产线进行投资建设，预计建设工期为5个月，1—4月份各月的项目完成情况见表1-17。

表1-17　　　　　　　　　　　　　挣值计算表

月份	计划完成工作预算费用 $BCWS$（万元）	已经完成工作量（%）	实际发生费用（万元）
1	900	95	925
2	1 100	100	1 025
3	1 200	110	1 250
4	1 500	105	1 550

要求：分别计算已完工预算成本 $BCWP$、计划完成预算成本 $BCWS$、实际完成预算成本 $ACWP$、成本偏差 CV、进度偏差 SV、成本绩效指数 CPI、进度绩效指数 SPI，并分析成本和进度状况。

解析：根据资料，计算见表1-18。

表1-18 挣值计算表

月份 ①	计划完成预算成本 $BCWS$（万元）②	已经完成工作量（%）③	实际完成预算成本 $ACWP$（万元）④	已完工预算成本 $BCWP$（万元）⑤ = ②×③
1	900	95	925	855
2	1 100	100	1 025	1 100
3	1 200	110	1 250	1 320
4	1 500	105	1 550	1 575
合计	4 700		4 750	4 850

从上表中可知，

已完工预算成本 $BCWP$ = 4 850万元

计划完成预算成本 $BCWS$ = 4 700万元

实际完成预算成本 $ACWP$ = 4 750万元

成本偏差 $CV = BCWP - ACWP = 4\,850 - 4\,750 = 100$（万元）

进度偏差 $SV = BCWP - BCWS = 4\,850 - 4\,700 = 150$（万元）

成本绩效指数 $CPI = BCWP \div ACWP = 4\,850 \div 4\,750 = 1.02$

进度绩效指数 $SPI = BCWP \div BCWS = 4\,850 \div 4\,700 = 1.03$

由于成本偏差 $CV>0$（或成本绩效指数 $CPI>1$），实际成本低于计划的预算值，说明成本节约；由于 $SV>0$（或进度绩效指数 $SPI>1$），已完成工作预算成本大于计划完成工作预算成本，说明进度提前。

4.A公司对现有资本来源的构成情况进行梳理，其中部分资料如下：

（1）A公司两年前从银行取得5年期长期借款2 000万元，年利率为8%，每年付息一次，到期一次还本，筹资费用率为0.5%；

（2）A公司五年前发行面额为10 000万元的10年期债券，票面利率为10%，发行费用率为5%，发行价格为11 000万元；

（3）A公司发行优先股总面额5 000万元，按面值发行，筹资费用率为6%，年股利率为11%；

（4）A公司普通股每股发行价为20元，筹资费率为6%，假定第1年发放股利为每股1.5元，以后每年增长5%；

（5）目前市场无风险报酬率为4%，平均风险股票必要报酬率为10%，A公司普通股β值为1.5。

要求：根据资料，分别计算各资本来源的个别资本成本。

解析：

（1）A公司该项长期借款的资本成本为：

$$K_l = \frac{R_l(1-T)}{1-F_l} = \frac{8\% \times (1-25\%)}{1-0.5\%} = 6.03\%$$

（2）A公司该债券的资本成本为：

$$K_b = \frac{I_b(1-T)}{B(1-F_b)} = \frac{10\,000 \times 10\% \times (1-25\%)}{11\,000 \times (1-5\%)} = 7.18\%$$

（3）A公司该优先股的资本成本为：

$$K_p = \frac{D_p}{P_p(1-F_p)} = \frac{5\,000 \times 11\%}{5\,000 \times (1-6\%)} = 11.70\%$$

（4）A公司该普通股的资本成本为：

$$K_s = \frac{D_s}{P_s(1-F_s)} + g = \frac{1.5}{20 \times (1-6\%)} + 5\% = 12.98\%$$

（5）A公司该普通股的资本成本为：

$$K_s = R_f + \beta \times (R_m - R_f) = 4\% + 1.5 \times (10\% - 4\%) = 13\%$$

5.A公司为扩大生产规模，计划新增机器设备及生产线，需要进行对外筹资，拟筹资的额度为4 000万元。现有甲、乙两个筹资方案备选。有关资料见表1-19。

表1-19   筹资方案分析表

筹资方式	甲方案		乙方案	
	筹资额（万元）	资本成本	筹资额（万元）	资本成本
长期借款	1 000	7%	400	6%
债券	1 000	8%	1 600	9%
普通股	2 000	12%	2 000	13%
合计	4 000	—	4 000	—

要求：根据资料，通过计算加权平均资本成本选择最优筹资方案。

解析：

甲方案：

$K_l = 7\%$

$W_l = 1\,000 \div 4\,000 \times 100\% = 25\%$

$K_b = 8\%$

$W_b = 1\,000 \div 4\,000 \times 100\% = 25\%$

$K_s = 12\%$

$W_s = 2\,000 \div 4\,000 \times 100\% = 50\%$

甲方案的加权平均资本成本 $K_w = 7\% \times 25\% + 8\% \times 25\% + 12\% \times 50\% = 9.75\%$

同理，乙方案：

$K_l = 6\%$

$W_l = 400 \div 4\,000 \times 100\% = 10\%$

$K_b = 9\%$

$W_b = 1\,600 \div 4\,000 \times 100\% = 40\%$

$K_s = 13\%$

$W_s = 1\,000 \div 2\,000 \times 100\% = 50\%$

乙方案的加权平均资本成本 $K_w = 6\% \times 10\% + 9\% \times 40\% + 13\% \times 50\% = 10.70\%$

由于甲方案加权平均资本成本低于乙方案加权平均资本成本，所以 A 公司应选择甲方案。

项目二

成本管理实训

职业技能要点与重难点

序号	工作任务	任务分解	技能操作	重难点
1	成本预测实训	（1）趋势预测法 （2）历史资料分析法	（1）能够认知趋势预测法的概念和程序 （2）能够认知历史资料分析法的概念和程序	（1）趋势预测分析法的应用 （2）历史资料分析法的应用
2	成本控制实训	（1）变动成本法 （2）作业成本法 （3）标准成本法	（1）能够掌握变动成本、固定成本、混合成本的概念 （2）能够对产品的成本进行成本性态分析 （3）能够采用变动成本法进行成本计量与管理，并掌握变动成本法与完全成本法的区别 （4）能够采用作业成本法进行成本计量与管理 （5）能够采用标准成本法进行成本核算与分析	（1）掌握变动成本法的计算原理以及变动成本法与固定成本法的区别 （2）掌握作业中心的划分与成本的分配 （3）掌握标准成本的制定、标准成本差异的分析
3	成本考核实训	责任中心考核指标	（1）能够正确计算责任中心投资报酬率 （2）能够正确计算责任中心剩余收益	（1）能够正确计算责任中心投资报酬率 （2）能够正确计算责任中心剩余收益

任务一　成本预测实训

技能点12　趋势预测法运用

一、实训任务

运用趋势预测法进行成本预测

二、实训材料

1. 产品成本相关数据资料
2. 计算工具

三、实训内容

成本预测是指运用科学的方法，对未来成本水平及其变化趋势做出科学的估计。通过成本预测，掌握未来的成本水平及其变动趋势，有助于减少决策的盲目性，使经营管理者易于选择最优方案，做出正确决策。

趋势预测法是按时间顺序排列有关的历史成本资料，运用数学模型和方法进行加工计算并预测成本的方法。

趋势预测法包括简单平均法、加权平均法和指数平滑法等。

（一）简单平均法

简单平均法又叫算术平均法，是指将若干历史时期成本数据之和除以历史成本数据总期数，求得算术平均数，作为成本的预测值。这种预测方法简单，当预测对象变化较小且无明显趋势时，可采用此方法进行短期预测。计算公式如下：

$$预测期成本 = 已知时间序列各期成本之和 \div 时间序列期数$$

（二）加权平均法

加权平均法是将若干历史时期的成本作为观测值，将各个观测值与各自的权数相乘之积加总，然后除以权数之和，或者利用各个历史时期的观测值乘以各个时期的权重，然后加总，求出其加权平均数，并将加权平均数作为成本的预测值。各个时期的权重要根据各期观测值对预测值的影响程度确定，一般根据近大远小的原则确定。计算公式如下：

$$预测期成本 = \sum(某期成本 \times 该期权数) \div 各期权数之和 = \sum 某期成本 \times 该期权重$$

（三）指数平滑法

指数平滑法是指采用由近及远指数递减权数的加权平均预测法。它是在综合考虑有关前期预测成本和实际成本信息的基础上，利用事先确定的平滑指数预测未来成本的一种方法。平滑指数是一个经验数据，其取值范围通常为0.3～0.7。一般来说，平滑指数的取值越大，近期实际值对预测结果的影响就越大；平滑指数越小，则近期实际值对预测结果的影响就越小。因此，进行近期预测或成本波动较大的预测，应采用较大的平滑指数；进行长期预测或成本波动比较小的预测，应采用较小的平滑指数。计算公式如下：

$$预测期成本 = 平滑指数 \times 前期实际成本 + (1 - 平滑指数) \times 前期预测成本$$

四、实训注意事项

1. 进行本项目实训之前要对趋势预测法有一定的理解；
2. 该实训项目的计算可以使用Excel应用，学生可根据具体情况加以使用。

五、实训案例

【技能训练2-1】A公司2025年1—3月份生产甲产品的成本资料见表2-1。

表2-1 甲产品成本资料表 单位：元

月份	产品成本	各月权重
1月	260 000	0.2
2月	220 000	0.3
3月	240 000	0.5

假定3月份的预测成本为230 000元，平滑指数为0.5。

要求：

分别使用简单平均法、加权平均法和指数平滑法计算2025年4月份甲产品的成本。

解析：

（1）简单平均法：

4月份预测成本 = 已知时间序列各期成本之和 ÷ 时间序列期数

= （260 000 + 220 000 + 240 000）÷ 3 = 240 000（元）

（2）加权平均法：

4月份预测成本 = $\sum$ 某期成本 × 该期权重

= 260 000 × 0.2 + 220 000 × 0.3 + 240 000 × 0.5 = 238 000（元）

（3）指数平滑法：

4月份预测成本 = 平滑指数 × 前期实际成本 + （1 - 平滑指数）× 前期预测成本

= 0.5 × 240 000 + （1-0.5）× 230 000 = 235 000（元）

技能点13 历史资料分析法运用

一、实训任务

运用历史资料分析法进行成本预测

二、实训材料

1. 产品成本相关数据资料
2. 计算工具

三、实训内容

（一）认知历史成本法

历史成本法就是根据以往若干时期（若干月或若干年）的数据所表现出来的实际成本与业务量之间的依存关系来描述成本的性态，并以此来确定决策所需要的未来成本数据。作为预测依据的历史成本的选取时期要恰当。成本预测的一般公式：

$$y = a + bx$$

式中：y为预测期成本，a为固定成本总额，b为单位变动成本，x为预测期产量。

（二）历史成本法的构成内容

历史成本法通常分为高低点法、散布图法和回归分析法三种。

1.高低点法，是根据已有的若干期历史资料中最高业务量与最低业务量的总成本之差与这两期的业务量之差进行比对，来求出直线方程 $y = a + bx$ 中 a 和 b 的值，然后根据预测期的产量就可以计算出预测期的产品成本。计算公式如下：

$$b = \frac{y_{\text{高}} - y_{\text{低}}}{x_{\text{高}} - x_{\text{低}}}$$

$$a = y_{\text{高}} - bx_{\text{高}} \text{ 或 } a = y_{\text{低}} - bx_{\text{低}}$$

2.散布图法，是将观察的历史成本数据，在坐标图上绘出各期业务量和成本点散布图，然后根据目测，在各成本点之间画出一条反映成本变动趋势的直线，直线与纵轴的交点即为固定成本，直线的斜率即为单位变动成本。

3.回归分析法，是根据过去一定时期的业务量和成本资料，运用数学中的最小二乘法原理，建立反映成本和业务量之间关系的回归直线方程，并据此确定混合成本中的固定成本 a 和单位变动成本 b。计算公式如下：

$$b = \frac{n\sum xy - \sum x \sum y}{n\sum x^2 - (\sum x)^2}$$

$$a = \frac{\sum y - b\sum x}{n} = \frac{\sum x^2 \sum y - \sum x \sum xy}{n\sum x^2 - (\sum x)^2}$$

四、实训注意事项

1.进行本项目实训之前要对历史成本法和成本性态有一定的理解；

2.该实训项目的计算可以使用Excel应用，学生可根据具体情况加以使用。

五、实训案例

【技能训练2-2】A公司2024年产量和电费成本的有关数据见表2-2。

表2-2 产量和电费成本相关数据表

月份	产量（件）	电费成本（元）
1	800	2 000
2	600	1 700
3	900	2 250
4	1 000	2 550
5	800	2 150
6	1 100	2 750
7	1 000	2 460

续表

月份	产量（件）	电费成本（元）
8	1 000	2 520
9	900	2 320
10	700	1 950
11	1 100	2 650
12	1 200	2 900

　　要求：分别使用高低点法、散布图法和回归分析法计算2025年1月产量为1 500件时的电费成本。

　　解析：

　　（1）采用高低点法计算。

　　2024年产量最高在12月份，为1 200件，相应电费为2 900元；产量最低在2月份，为600件，相应电费为1 700元，按前述的公式进行计算如下：

$$b = \frac{2\,900 - 1\,700}{1\,200 - 600} = 2$$

$$a = 2\,900 - 2 \times 1\,200 = 500$$

或　　$a = 1\,700 - 2 \times 600 = 500$

　　以上计算表明，该企业电费这项混合成本中固定成本为500元，单位变动成本为每件2元。以数学模型来描述为：

$$y = 500 + 2x$$

2025年1月份电费 = $500 + 2 \times 1\,500 = 3\,500$（元）

　　（2）采用散布图法计算（如图2-1所示）。

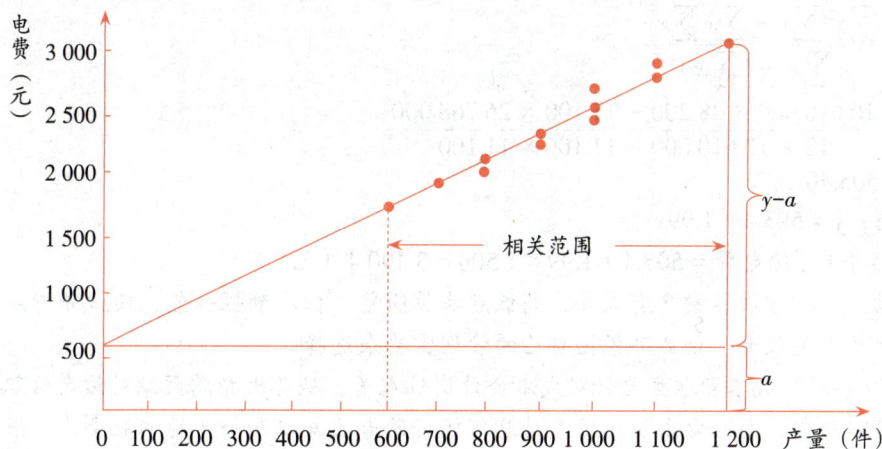

图2-1　散布图法

求得数学模型为：$y = 510 + 1.98x$

2025年1月份电费 = $510 + 1.98 \times 1\,500 = 3\,480$（元）

　　（3）采用回归分析法计算（见表2-3）。

表2-3　　　　　　　　　　　　回归分析计算表

月份 n	产量（件） x_i	电费（元） y_i	$x_i \cdot y_i$	x_i^2
1	800	2 000	1 600 000	640 000
2	600	1 700	1 020 000	360 000
3	900	2 250	2 025 000	810 000
4	1 000	2 550	2 550 000	1 000 000
5	800	2 150	1 720 000	640 000
6	1 100	2 750	3 025 000	1 210 000
7	1 000	2 460	2 460 000	1 000 000
8	1 000	2 520	2 520 000	1 000 000
9	900	2 320	2 088 000	810 000
10	700	1 950	1 365 000	490 000
11	1 100	2 650	2 915 000	1 210 000
12	1 200	2 900	3 480 000	1 440 000
$\sum$	11 100	28 200	26 768 000	10 610 000

$$b = \frac{n\sum xy - \sum x \sum y}{n\sum x^2 - (\sum x)^2}$$

$$= \frac{12 \times 26\,768\,000 - 11\,100 \times 28\,200}{12 \times 10\,610\,000 - 11\,100 \times 11\,100}$$

$$= 1.99$$

$$a = \frac{\sum x^2 \sum y - \sum x \sum xy}{n\sum x^2 - (\sum x)^2}$$

$$= \frac{10\,610\,000 \times 28\,200 - 11\,100 \times 26\,768\,000}{12 \times 10\,610\,000 - 11\,100 \times 11\,100}$$

$$= 505.40$$

求得：$y = 505.4 + 1.99x$

2025年1月份电费 $= 505.4 + 1.99 \times 1\,500 = 3\,490.4$（元）

总结：三种方法答案略有差异，高低点法最简单，但准确性一般；回归分析法准确性较高，但计算量较大。企业可根据自己的管理需要来选择。

【明德善思】成本管理主要针对成本会计岗位人员，从各大招聘网站对该岗位职责和任职要求可以知晓，企业要求该岗位人员具有较好的专业知识和一定的职业素养，很多企业在招聘中会提到从事成本会计类岗位要有团队合作精神，责任心强，能吃苦耐劳，能承担一定工作压力，具备较强的学习能力等。热爱会计、团结协作、爱岗敬业、终身学习等能力和素养是当代会计人员需要具备的。"一个人的作用，对于革命事业来说，就如一架机器上的一颗螺丝钉。机器由于有许许多多的螺丝钉连接和固定，才成了一个坚实的整体，才能够运转自如，发挥它巨大的工作能力"。正如党的二十大精神所阐释的，立足岗位，就是要爱岗敬业，认真、专业、务实地做好岗位工作，要一步一个脚印地往前走，时刻谨记，从小细节做起，维护自己和集体的形象。根据学习任务，以小组为单位完成实训任务时，组内成员应合理分工，团结合作。每个小组最终进行实训成果展示，对于成果中存在的错误要仔细分析原因，可能某个人的小小失误会影响整个团队的成果。在实际工作中一个小小的错误可能会使整个财务部门加班加点，甚至使产品价格定位出错，影响管理层做出决策，这就要求财务人员务必要有强烈的责任心和集体荣誉感，对本职工作要尽心尽职。

任务二　成本控制实训

技能点14　变动成本法运用

一、实训任务

1. 分解混合成本
2. 运用变动成本法进行成本管理

二、实训材料

1. 产品相关数据资料
2. 计算工具

三、实训内容

（一）认知混合成本

成本性态也称成本习性，是指成本总额与业务量之间的依存关系。成本按其习性可分为变动成本、固定成本和混合成本三大类。

1. 变动成本，是指在一定期间和业务范围内，成本总额随业务量的变动呈正比例变动的成本。其特征是变动成本总额随业务量的变动呈正比例变动，单位变动成本保持不变。

2. 固定成本，是指在一定期间和业务范围内，成本总额随业务量的变动保持不变的成本。其特征是固定成本总额保持固定不变，单位固定成本随业务量变动呈反比例变动。

3. 混合成本，是指成本总额随业务量变动但是不呈正比例变动的成本。混合成本是同时具有变动性和固定性两种性质的成本。

（二）混合成本分解

由于混合成本同时具有固定成本和变动成本的性质，因而混合成本可以分解为固定成本和变动成本两部分，总成本与业务量的关系也就可以简化为固定成本和变动成本两种成本习性来说明。在相关范围内，混合成本的组成即成本性态模型的计算公式如下：

总成本 = 固定成本 + 变动成本 = 固定成本 + 单位变动成本 × 业务量

用线性方程表示为：$y = a + bx$

式中：y为总成本，a为固定成本总额，b为单位变动成本，x为业务量。

该模型与任务一中历史成本法预测成本的模型一致，求解的方法也相同，包括高低点法、散点图法、回归分析法。具体的计算过程此处不再展示，可参照任务一中的计算过程和方法。

（三）认知变动成本法

1.变动成本法

变动成本法是指在常规的产品成本计算过程中，以成本性态分析为前提，只对产品生产过程中所消耗的直接材料、直接人工和变动制造费用等变动生产费用进行归集和分配，计算产品成本的一种方法，即只计算产品的变动生产成本，而把固定制造费用和非生产成本全部作为期间费用的一种成本计算方法。

2.变动成本法的优缺点

变动成本法的优点：（1）揭示了成本、业务量、利润之间的内在关系，有利于利润和销售预测；（2）有利于短期经营决策，促使企业管理当局重视销售，防止盲目生产；（3）有利于成本控制和业绩考核。

变动成本法的缺点：（1）不符合传统的成本概念，忽视固定成本，成本分解不够精确，将成本划分为固定成本和变动成本在很大程度上是假设的结果，不是一种精确的计算；（2）不能适应长期决策的需要；（3）一般会降低期末存货估价，降低了营业利润额，在某种程度上会暂时降低所得税和股利。

（四）变动成本法下损益计算的基本公式

1.计算变动生产成本总额

变动生产成本总额 = 直接材料 + 直接人工 + 变动制造费用

2.计算单位产品成本

单位产品成本 = 变动生产成本总额 ÷ 产量

3.计算销售产品变动成本

变动成本 = 销售产品变动生产成本 + 变动销售费用 + 变动管理费用 + 变动财务费用

4.计算固定成本

固定成本 = 固定制造费用 + 固定销售费用 + 固定管理费用 + 固定财务费用

5.计算贡献边际

贡献边际 = 销售收入 − 变动成本

6.计算营业利润

营业利润 = 贡献边际 − 固定成本

四、实训注意事项

1.进行本项目实训之前要对变动成本法下的损益公式有一定的理解；

2.该实训项目的计算可以使用Excel应用，学生可根据具体情况加以使用。

五、实训案例

【技能训练2-3】A公司目前生产的甲产品投产后第2年的生产量为5 000件，销售量为4 000件，期初无存货，期末存货量为1 000件，单价为40元/件，当期发生的有关成本资料如下：直接材料25 000元；直接人工10 000元；变动制造费用15 000元；固定制造费用25 000元；变动销售及管理费用2 000元；固定销售及管理费用13 000元。

要求：根据相关的成本资料，分别按完全成本法和变动成本法计算甲产品的单位成本和当年的营业利润。

解析：

（1）按完全成本法计算甲产品的单位成本和营业利润：

①生产成本总额 = 直接材料 + 直接人工 + 变动制造费用 + 固定制造费用
$$= 25\,000 + 10\,000 + 15\,000 + 20\,000 = 70\,000（元）$$

②单位产品成本 = 生产成本总额 ÷ 生产量 = 70 000 ÷ 5 000 = 14（元/件）

③销售成本 = 期初存货成本 + 本期生产成本 − 期末存货成本
$$= 0 + 75\,000 - 1\,000 \times 14 = 61\,000（元）$$

④期间成本 = 销售费用 + 管理费用 = 2 000 + 18 000 = 20 000（元）

⑤销售毛利 = 销售收入 − 销售成本 = 4 000 × 40 − 61 000 = 99 000（元）

⑥营业利润 = 销售毛利 − 期间成本 = 99 000 − 20 000 = 79 000（元）

（2）按变动成本法计算甲产品的单位成本和营业利润：

①变动生产成本总额 = 直接材料 + 直接人工 + 变动制造费用
$$= 25\,000 + 10\,000 + 15\,000 = 50\,000（元）$$

②单位产品成本 = 变动生产成本总额 ÷ 产量 = 50 000 ÷ 5 000 = 10（元/件）

③变动成本 = 变动生产成本 + 变动销售费用 + 变动管理费用
$$= 4\,000 \times 10 + 2\,000 = 42\,000（元）$$

④固定成本 = 固定制造费用 + 固定销售费用 + 固定管理费用
$$= 20\,000 + 18\,000 = 38\,000（元）$$

⑤贡献边际 = 销售收入 − 变动成本 = 4 000 × 40 − 42 000 = 1 18 000（元）

⑥营业利润 = 贡献边际 − 固定成本 = 118 000 − 38 000 = 80 000（元）

从以上计算结果可以看出，两种成本计算方法计算出的营业利润是不相等的，其原因在于两种成本方法对期末存货的计价不同。

【明德善思】产品成本除了直接材料和直接人工外，还包括制造费用，对于部分制造业企业，制造费用中占比较大的是辅助生产的水费、电费。水费、电费增加，会导致"制造费用""管理费用"等增加，而"制造费用"转入"生产成本"，"生产成本"转入"库存商品"，库存商品销售后转入"主营业务成本"，这使营业成本高、利润低。关键是，因成本高而导致的高售价会影响库存商品销售，市场占有率下降，与此同时，较高的"管理费用"等期间费用要计入当期损益，再次抵减企业利润，造成企业获利艰难甚至亏损，影响企业的生存和发展。如果降低水费和电费等辅助生产费用，就产生相反结果，所以，企业应该节约用水和用电，以降低成本，降低售价，扩大市场，保证生存、发展、壮大的利润空间。党的二十大报告中指出，推动经济社会发展绿色化、低碳化是实现高质量发展的关键环节，明确提出实施全面节约战略，推进各类资源节约集约利用。在日常生活中，我们每个人也应当养成节约水和电的习惯，拥抱绿色低碳生活。

技能点15　作业成本法运用

一、实训任务

进行作业成本法的计算

二、实训材料

1. 产品相关数据资料
2. 计算工具

三、实训内容

（一）认知作业成本法

作业成本法是把企业消耗的资源按资源动因分配到作业以及把作业收集的作业成本按作业动因分配到成本对象的核算方法。作业成本法不仅是一种成本计算方法，更是成本计算与成本管理的有机结合。作业成本法基于资源耗用的因果关系进行成本分配：根据作业活动耗用资源的情况，将资源耗费分配给作业；再依照成本对象消耗作业的情况，把作业成本分配给成本对象。

（二）作业成本法的计算步骤

1. 资源的收集与分析

企业通过内部控制系统，收集企业在生产产品过程中耗费的资源，建立资源库，并按照其性质划分直接费用与间接费用。

2. 确认主要作业，划分作业类别

根据企业的生产产品的工艺流程，确定主要的作业，并按类别进行分类。

3. 将资源分配到作业

首先确定作业分配的基础，然后将资源转移给作业，形成作业成本。

4. 将作业成本分配到成本对象

确定好作业成本以后，按照一定的成本分配率，将成本从各自的成本库转移到成本对象中，形成产品的成本。

四、实训注意事项

1. 进行本项目实训之前要对作业成本法有一定的理解。
2. 该实训项目的计算可以使用Excel应用，学生可根据具体情况加以使用。

五、实训案例

【技能训练2-4】超群公司目前拥有口服液、化学药剂、生物技术等多样化的产品生产线，每条生产线的工艺流程都有很大的差异。其中颗粒制剂车间生产的产品为板蓝根和布地奈德福莫特罗粉剂。这两个产品是由两条独立的生产线生产的，板蓝根一年生产25

万千克，布地奈德福莫特罗粉剂一年生产10万千克。假设一年的生产时间为250天，即一天生产板蓝根1 000千克，布地奈德福莫特罗粉剂400千克。本例以2024年7月作为研究对象，因天气炎热、设备检修等因素，本月实际生产天数为20天。

（1）板蓝根工艺流程（如图2-2所示）。

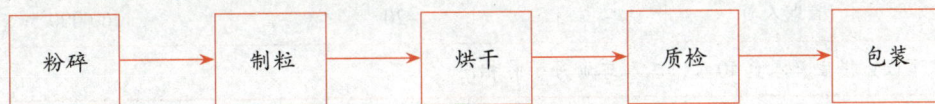

图2-2 板蓝根工艺流程图

板蓝根是将主料粉碎后利用先进工艺萃取精华与辅料结合，通过制粒烘干而成。车间每天工作八小时，每天生产一批。

布地奈德福莫特罗粉剂工艺流程如图2-3所示。

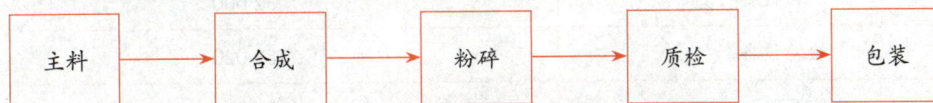

图2-3 布地奈德福莫特罗粉剂工艺流程图

布地奈德福莫特罗粉剂是由两种原料经过合成制得，因其属于高技术含量的生产技术，能为企业带来巨大的利润。一条生产线每天工作8小时，可生产两批。

（2）基本财务资料。

①主料和辅料；以2024年7月车间耗用原材料为例，见表2-4。

表2-4　　　　　　　　　　　　每批原材料用量表

产品	材料	需求量（千克）	单价（元）	金额（元）
板蓝根	大青根	50	1 000	50 000
	淀粉	400	50	20 000
	糖	20	100	2 000
	水	600	8	4 800
布地奈德福莫特罗粉剂	布地奈德	200	2 000	400 000
	福莫特罗	200	100	20 000

②包装材料：以2024年7月车间耗用材料为例，见表2-5。

表2-5　　　　　　　　　　　　月包装材料耗费表

名称	数量（万）	单价（元）	合计（元）
铝箔袋	100	0.01	10 000
纸盒	15	0.5	75 000
纸箱	0.05	20	10 000
吸剂瓶	1	3	30 000

其中：铝箔袋和纸盒用于包装板蓝根，纸箱和吸剂瓶用于包装布地奈德福莫特罗粉剂。

③人工费用，见表2-6。

表2-6   月人工费用表

分类	人数	工资（元）
生产人员	60	213 200
管理人员	20	60 000
其中从事板蓝根生产人员40人，工人工资每小时相同		

④固定资产折旧，见表2-7。

表2-7   月固定资产折旧计算表   单位：元

固定资产类别	2024年7月折旧额
机械设备	32 000
检验设备	189 020
厂房	20 000

⑤其他费用，见表2-8。

表2-8   其他费用计算表   单位：元

类别	金额
生产电力	9 200
照明用电	500
办公用品	600
维修费用	3 000

要求：运用作业成本法计算产品成本。

解析：

（1）作业设计。

①确定主要作业。根据药品的工艺流程，一项作业就是一个具体的环节，找出影响成本的、真实的关键性作业。该车间产品消耗作业的情况见表2-9。

表2-9   作业分类表

作业中心	板蓝根（A）	布地奈德福莫特罗粉剂（B）
粉碎	AB	
制粒	A	
烘干	A	
合成	B	
质检	AB	
包装	AB	
维修	AB	

②为了方便作业成本的计算，作业动因的选择，我们需要将以上作业按层次划分，见表2-10。

表2-10　　　　　　　　　　　　　　作业层次表

作业层次	作业
单位作业	粉碎、制粒、合成、包装
批别作业	质检
产品作业	技术维修
维持作业	车间管理

（2）确定资源动因，将资源成本分配到作业。

单位作业是直接成本，直接计入产成品成本，无须分配。批别作业按产品批次分配，板蓝根一天生产一批，布地奈德福莫特罗粉剂一天生产两批，因此分配率为1/3、2/3。维持作业以机器工作小时为分配率。两条生产线每天的工作时间都是8小时。分配率都是1/2。产品作业以产品的类别作为分配率。各作业类别消耗资源见表2-11。

表2-11　　　　　　　　　　　　　作业资源消耗计算表　　　　　　　　　　　　单位：万元

作业中心	资源消耗	金额	合计
单位作业	直接材料	62.18	116.42
	直接人工	21.32	
	机械设备折旧	32	
	生产用电	0.92	
批别作业	检验设备折旧	18.902	18.902
产品作业	维修费	0.3	0.3
维持作业	厂房折旧	2	8.11
	照明用电	0.05	
	管理	6	
	办公用品	0.06	

（3）确定作业动因，将作业成本分配到成本对象。

根据作业类别选择作业动因，将作业成本分配计入成本对象。本案例以板蓝根和布地奈德福莫特罗粉剂作为成本核算对象。

①单位作业成本按单一作业动因划分。直接成本直接计入成本对象，机械折旧和生产用电按生产线的生产小时数分配。

②批别作业按生产批次进行分配。

③产品作业按生产批次进行分配。

④维持作业按生产线运作时间进行分配。

具体分配率见表2-12。

表2-12　　　　　　　　　　资源分配率计算表

类别	板蓝根（A）	布地奈德福莫特罗粉剂（B）
机械设备折旧	0.5	0.5
生产用电	0.5	0.5
检验设备折旧	0.33	0.67
维修费	0.33	0.67
厂房折旧	0.5	0.5
照明	0.5	0.5
车间管理	0.5	0.5
办公用品	0.5	0.5

⑤计算两种产品的成本，见表2-13。

表2-13　　　　　　　　　　成本计算表　　　　　　　　　　单位：万元

成本	板蓝根	布地奈德福莫特罗粉剂
直接材料	16.18	46
直接人工	14.21	7.11
生产用电	0.46	0.46
机械折旧	16	16
检验设备折旧	6.301	12.601
维修费	0.1	0.2
维持作业	4.055	4.055
合计	57.306	86.426
生产数量（千克）	20 000	8 000
单位成本（元）	28.65	108.03

（4）比较。

从上面作业成本法模型中可以看到，作业成本法将不同的期间费用按照不同的标准分配到产品当中。当采用传统成本法时，所有的期间费用都按照机器时间来分配，在本题中，除了照明用电、维修费用是变动成本以外，其他都是固定成本，都将会平分到两个产品当中，这会导致板蓝根的成本被高估，布地奈德福莫特罗粉剂的成本被低估。

【明德善思】作业成本法，不仅是一种成本计算方法，更是成本计算与成本管理的有机结合，通过对成本动因和各类作业的全面细致分析，力争还原出最真实的产品成本，要求会计人员不仅要懂成本核算，还要对生产环节极其熟悉，其复杂的工作流程对会计人员的能力和素养有较高的要求。我国正从制造大国迈向制造强国，面对全球的激烈竞争，培育和弘扬工匠精神越发重要，追求卓越、崇尚质量的工匠精神逐渐成为中国职业精神的体现。工匠精神是一种职业精神，是职业道德、态度、品质和能力的综合体现，是从业者的一种行为表现与职业价值取向，是创造传奇的重要力量。追求卓越、精益求精、爱岗敬业、尽职尽责是新时代工匠精神的职业追求。党的二十大报告将大国工匠、高技能人才纳入国家战略人才力量，充分彰显加强新时代高技能人才队伍建设的重要性。作为会计人，应当兼备良好的职业品质和较强职业核心能力，培养吃苦耐劳、爱岗敬业、科学严谨、精益求精、实事求是、注重创新的工匠精神，形成一种根深蒂固的职业理念、职业道德、职业责任的惯性认知，塑造以工匠精神为核心的职业精神，致力于成为专业技能和职业素质兼备的高素质技术技能人才，满足经济产业升级和结构调整对人才的需求。

技能点16　标准成本法运用

一、实训任务

进行标准成本法的计算

二、实训材料

1.产品相关数据资料
2.计算工具

三、实训内容

（一）认知标准成本法

标准成本法，是指企业以预先制定的标准成本为基础，通过比较标准成本与实际成本，计算和分析成本差异、揭示成本差异动因，进而实施成本控制、评价经营业绩的一种成本管理方法。

其中，标准成本是指在正常的生产技术水平和有效的经营管理条件下，企业经过努力应达到的产品成本水平。成本差异是指实际成本与相应标准成本之间的差额。当实际成本高于标准成本时，形成超支差异；当实际成本低于标准成本时，形成节约差异。

（二）标准成本法的相关计算

1.制定标准成本

产品标准成本通常由直接材料标准成本、直接人工标准成本和制造费用标准成本构成。每一个成本项目的标准成本应分为用量标准（包括单位产品消耗量、单位产品标准工时等）和价格标准（包括原材料单价、标准工资率、制造费用分配率等）两个部分。

（1）直接材料标准成本，是指直接用于产品生产的材料成本标准，包括标准用量和标准单价两方面。直接材料标准成本的计算公式如下：

$$直接材料标准成本 = 单位产品的标准用量 × 材料的标准单价$$

（2）直接人工标准成本，是指直接用于产品生产的人工成本标准，包括标准工时和标准工资率。直接人工标准成本的计算公式如下：

$$直接人工标准成本 = 单位产品的标准工时 × 标准工资率$$

（3）制造费用标准成本应区分变动制造费用项目和固定制造费用项目分别确定。

①变动制造费用，是指通常随产量变化而呈正比例变化的制造费用。变动制造费用项目的标准成本根据标准用量和标准价格确定。

$$\frac{变动制造费用}{项目标准成本} = \frac{变动制造费用}{项目的标准用量} × \frac{变动制造费用}{项目的标准价格}$$

变动制造费用的标准用量可以是单位产量的燃料、动力等标准用量，也可以是产品的直接人工标准工时，或者是单位产品的标准机器工时。标准用量的选择需考虑用量与成本的相关性，制定方法与直接材料的标准用量以及直接人工的标准工时类似。

②固定制造费用，是指在一定产量范围内，其费用总额不会随产量变化而变化，始终保持固定不变的制造费用。固定制造费用一般按照费用的构成项目实行总量控制；也可以根据需要，通过计算标准分配率，将固定制造费用分配至单位产品，形成固定制造费用的标准成本。

$$固定制造费用总成本 = \sum 各固定制造费用构成项目的标准成本$$

$$固定制造费用标准分配率 = 单位产品的标准工时 ÷ 预算总工时$$

$$固定制造费用标准成本 = 固定制造费用总成本 × 固定制造费用标准分配率$$

其中，预算总工时，是指由预算产量和单位工时标准确定的总工时。单位工时标准可以依据相关性原则在直接人工工时或者机器工时之间做出选择。

2.计算成本差异

（1）直接材料成本差异，是指直接材料实际成本与标准成本之间的差额，该项差异可分解为直接材料价格差异和直接材料数量差异。直接材料成本差异的有关计算公式如下：

$$直接材料成本差异 = 实际成本 - 标准成本$$
$$= 实际耗用量 × 实际单价 - 标准耗用量 × 标准单价$$
$$直接材料成本差异 = 直接材料价格差异 + 直接材料数量差异$$
$$直接材料价格差异 = 实际耗用量 × （实际单价 - 标准单价）$$
$$直接材料数量差异 = （实际耗用量 - 标准耗用量）× 标准单价$$

（2）直接人工成本差异，是指直接人工实际成本与标准成本之间的差额，该差异可分解为工资率差异和人工效率差异。工资率差异，是指实际工资率偏离标准工资率形成的差异，按实际工时计算确定；人工效率差异，是指实际工时偏离标准工时形成的差异，按标准工资率计算确定。直接人工成本差异的有关计算公式如下：

$$直接人工成本差异 = 实际成本 - 标准成本$$
$$= 实际工时 × 实际工资率 - 标准工时 × 标准工资率$$

$$直接人工成本差异 = 直接人工工资率差异 + 直接人工效率差异$$
$$直接人工工资率差异 = 实际工时 × (实际工资率 - 标准工资率)$$
$$直接人工效率差异 = (实际工时 - 标准工时) × 标准工资率$$

（3）变动制造费用成本差异，是指变动制造费用的实际发生额与变动制造费用的标准成本之间的差额，该差异可分解为变动制造费用的耗费差异和效率差异。变动制造费用成本差异的计算和分析原理与直接材料和直接人工成本差异的计算和分析相同。

变动制造费用成本差异的有关计算公式如下：

$$变动制造费用成本差异 = 实际成本 - 标准成本$$
$$= 实际耗用量 × 实际单价 - 标准耗用量 × 标准单价$$
$$变动制造费用成本差异 = 变动制造费用耗费差异 + 变动制造费用效率差异$$
$$变动制造费用耗费差异 = 实际耗用量 × (实际单价 - 标准单价)$$
$$变动制造费用效率差异 = (实际耗用量 - 标准耗用量) × 标准单价$$

（4）固定制造费用成本差异，是指固定制造费用实际成本与标准成本之间的差额。固定制造费用成本差异的有关计算公式如下：

$$固定制造费用成本差异 = 固定制造费用实际成本 - 固定制造费用标准成本$$

四、实训注意事项

1. 进行本项目实训之前要对标准成本法有一定的理解；
2. 该实训项目的计算可以使用 Excel 应用，学生可根据具体情况加以使用。

五、实训案例

【技能训练2-5】A公司生产甲产品，其标准成本资料见表2-14。

表2-14　　　　　　　　　　　　　甲产品标准成本单

项目	价格标准	数量标准	金额（元/件）
直接材料	9元/千克	50千克/件	450
直接人工	4元/小时	45小时/件	180
变动制造费用	3元/小时	45小时/件	135
固定制造费用	2元/小时	45小时/件	90
合计			855

甲产品正常生产能力为1 000小时。本月实际生产量为20件，实际耗用材料900千克，实际人工工时950小时，实际成本分别为：直接材料9 000元，直接人工3 325元，变动制造费用2 375元，固定制造费用2 850元。

要求：根据上述资料，计算总成本差异、各成本项目的成本差异以及分解差异，其中固定制造费用只需要计算成本差异。

解析：

总成本差异 = 实际成本-标准成本 = 9 000 + 3 325 + 2 375 + 2 850-855×20 = 450（元）

（1）直接材料成本差异 = 实际材料成本 - 标准材料成本 = 9 000-450×20 = 0

直接材料价格差异 = 实际耗用量 × (实际单价 – 标准单价)

$$= 900 \times (9\,000 \div 900 - 9) = 900 \,(元)$$

直接材料数量差异 = (实际耗用量 – 标准耗用量) × 标准单价

$$= (900 - 50 \times 20) \times 9 = -900 \,(元)$$

(2) 直接人工成本差异 = 实际人工成本 – 标准人工成本 = 3\,325 - 180 \times 20 = -275 \,(元)

直接人工工资率差异 = 实际工时 × (实际工资率 – 标准工资率)

$$= 950 \times (3\,325 \div 950 - 4) = -475 \,(元)$$

直接人工效率差异 = (实际工时 – 标准工时) × 标准工资率

$$= (950 - 45 \times 20) \times 4 = 200 \,(元)$$

(3) 变动制造费用成本差异 = 实际变动制造费用成本 – 标准变动制造费用成本

$$= 2\,375 - 135 \times 20 = -325 \,(元)$$

变动制造费用耗费差异 = 实际耗用量 × (实际单价 – 标准单价)

$$= 950 \times (2\,375 \div 950 - 3) = -475 \,(元)$$

变动制造费用效率差异 = (实际耗用量 – 标准耗用量) × 标准单价

$$= (950 - 45 \times 20) \times 3 = 150 \,(元)$$

(4) 固定制造费用成本差异 = 固定制造费用实际成本 – 固定制造费用标准成本

$$= 2\,850 - 90 \times 20 = 1\,050 \,(元)$$

产品总成本差异也可以这样计算:

总的成本差异 = 直接材料成本差异 + 直接人工成本差异 + 变动制造费用成本差异 + 固定制造费用成本差异

$$= 0 - 275 - 325 + 1\,050 = 450 \,(元)$$

任务三　成本考核实训

技能点17　责任中心指标计算

一、实训任务

1. 进行责任中心投资报酬率的计算
2. 进行责任中心剩余收益的计算

二、实训材料

1. 产品相关数据资料
2. 计算工具

三、实训内容

（一）认知投资报酬率及剩余收益

1.投资报酬率

投资报酬率亦称"投资的获利能力"，是全面评价投资中心各项经营活动，考评投资中心业绩的综合性质量指标。投资报酬率既能揭示投资中心的销售利润水平，又能反映资产的使用效果。

2.剩余收益

剩余收益是指投资中获得的利润，扣减其投资额（或净资产占用额）按规定（或预期）的最低收益率计算的投资收益后的余额，是一个部门的营业利润超过其预期最低收益的部分。剩余收益指标能够反映投入产出的关系，能避免本位主义，使个别投资中心的利益与整个企业的利益统一起来。

（二）计算公式

$$投资报酬率 = 营业利润 ÷ 投资额 × 100\%$$
$$剩余收益 = 营业利润 - 投资额 × 预期最低投资报酬率$$

四、实训注意事项

1. 进行本项目实训之前要对投资报酬率及剩余收益有一定的理解；
2. 该实训项目的计算可以使用Excel应用，学生可根据具体情况加以使用。

五、实训案例

【技能训练2-6】豪俊服装厂有一个投资中心，假设整个企业的投资报酬率为12%，该投资中心的投资报酬率为16%，该中心的资产平均余额为200 000元，税前利润为32 000元。预算期间，投资中心有一个追加投资的机会，投资额为100 000元，预计利润为15 000元，投资报酬率为15%，投资中心预期最低投资报酬率为14%。

要求：计算投资中心追加项目的投资报酬率及剩余收益。

解析：

投资报酬率 = 营业利润 ÷ 投资额 × 100% = 15 000 ÷ 100 000 × 100% = 15%

剩余收益 = 营业利润 - 投资额 × 预期最低投资报酬率 = 15 000 - 100 000 × 14% = 1 000（元）

结果分析：该项目的投资报酬率低于正常报酬率，但高于预期最低投资报酬率，且剩余收益为1 000元，该项目可以投资。

项目实训

1.A公司是一家传统制造业企业，2024年发生下列经济业务：

（1）生产甲产品，2024年1—6月份的产量与混合成本的历史数据见表2-15。

表2-15　　　　　　　　　甲产品2024年1—6月产量与成本资料表

月份	产量（台）	成本（万元）
1	30	340
2	20	250
3	52	560
4	35	380
5	40	430
6	25	280

（2）A公司产销乙产品，2024年度共生产10 000件，销售了8 000件，该产品的单位售价为10元。期初无存货，本年发生的成本有：直接材料20 000元，直接人工15 000元，变动制造费用20 000元，固定制造费用20 000元，销售及管理费用10 000元（假定全部为固定成本）。

（3）A公司第三生产车间同时生产α和β两种型号的零件产品。公司过去以直接人工工时作为制造费用分配标准，现拟采用作业成本法进行成本核算，已知成本资料和作业情况见表2-16、2-17。

表2-16　　　　　　　　　　产品成本资料表

项目	α产品	β产品
产量（件）	500	400
直接材料（元）	18 000	14 000
直接人工（元）	11 000	8 000
直接人工工时（小时/件）	3	3.25
制造费用	56 000	

表2-17　　　　　　　　　作业中心及成本动因情况表

作业中心	成本动因	消耗动因量		制造费用（元）
		α产品	β产品	
材料整理	材料处理批数	10	30	14 000
质量检验	检验次数	10	15	10 000
机器调试	调试次数	80	120	20 000
使用机械	机器小时数	20	80	12 000
合计				56 000

（4）A公司对其生产的丙产品采用标准成本法进行成本核算，其标准成本见表2-18。

表2-18 丙产品标准成本单

项目	价格标准	数量标准	金额（元/件）
直接材料	10元/千克	50千克/件	500
直接人工	8元/小时	30小时/件	240
变动制造费用	4元/小时	30小时/件	120
固定制造费用	2元/小时	30小时/件	60
合计			920

丙产品正常生产能力为3 000小时，制造费用按人工工时分配。本月实际生产量为100件，实际耗用材料4 000千克，实际人工工时2 500小时，实际成本分别为：直接材料50 000元，直接人工25 000元，变动性制造费用10 000元，固定制造费用7 500元。

（5）A公司企业整体的投资报酬率为15%，第四车间为高新技术产品车间，该车间的投资报酬率为20%。车间近期正在研发一款新产品——丁产品，如果投产，投资额为500 000元，预计利润为90 000元，第四车间预期最低投资报酬率为16%。

要求：

（1）①利用1—6月份的成本资料，使用简单平均法计算预测2024年7月份甲产品的成本；②利用3—6月份成本资料作为7月成本预测的依据，3—6月各月的权重分别为0.1、0.2、0.3、0.4，使用加权平均法计算预测2024年7月份甲产品的成本；③6月份的预测成本为330万元，平滑指数为0.6，使用指数平滑法计算预测2024年7月份甲产品的成本。

（2）①使用高低点法分解混合成本，建立相应的成本性态模型，甲产品7月份预计产量为45台，根据模型计算甲产品7月份的预计生产成本；②使用回归分析法进行成本性态分析，甲产品7月份预计产量为45台，根据模型计算7月份甲产品的预计生产成本。

（3）分别计算变动成本法和完全成本法下乙产品的单位成本和营业利润；并分析两种计算方式下营业利润不同的原因。

（4）分别用传统成本核算方法和作业成本法计算两种产品的成本。

（5）计算丙产品的总成本差异、各成本因素的成本差异以及分解差异，并说明该差异是否有利。

（6）计算第四车间投资生产丁产品的投资报酬率及剩余收益，并分析判断第四车间是否可以投资生产丁产品。

解析：

（1）预测成本。

①简单平均法：

7月预测成本 = 已知时间序列各期成本之和÷时间序列期数

$$= （340 + 250 + 560 + 380 + 430 + 280）÷ 6 = 373.33（万元）$$

②加权平均法：

7月预测成本 = $\sum$ 某期成本 × 该期权重

$$= 560 × 0.1 + 380 × 0.2 + 430 × 0.3 + 280 × 0.4 = 373（万元）$$

③指数平滑法：

7月预测成本 = 平滑指数 × 前期实际成本 + （1 − 平滑指数）× 前期预测成本

　　　　　　 = 0.6 × 280 + （1−0.6）× 330 = 300（万元）

（2）计算成本模型。

①高低点法：

第一步，混合成本性态模型：$y = a + bx$。

第二步，选择高低点坐标：成本最高为3月份，成本560万元，产量52台；成本最低为2月份，成本250万元，产量20台。

第三步，计算a，b的数值。

$$b = \frac{y_{高} - y_{低}}{x_{高} - x_{低}} = \frac{560 - 250}{52 - 20} = 9.6875$$

$$a = y_{高} - bx_{高} = 560 - 9.6875 × 52 = 56.25$$

第四步，将a、b值代入模型，即$y = 56.25 + 9.6875x$。

当$x = 45$时，$y = 56.25 + 9.6875 × 45 = 492.19$（万元）

②回归分析法：

第一步，根据回归分析法对数据进行整理，见表2-19。

表2-19　　　　　　　　　　成本历史数据表

月份n	产量x（台）	成本y（万元）	xy	x^2
1	30	340	10 200	900
2	20	250	5 000	400
3	52	560	29 120	2 704
4	35	380	13 300	1 225
5	40	430	17 200	1 600
6	25	280	7 000	625
$n = 6$	$\sum x = 202$	$\sum y = 2\,240$	$\sum xy = 81\,820$	$\sum x^2 = 7\,454$

第二步，计算a、b的数值。

$$b = \frac{n\sum xy - \sum x \sum y}{n\sum x^2 - (\sum x)^2}$$

$$= \frac{6 × 81\,820 - 202 × 2\,240}{6 × 7\,454 - 202 × 202} = 9.81$$

$$a = \frac{\sum y - b\sum x}{n}$$

$$= \frac{2\,240 - 9.81 × 202}{6} = 43.06$$

第三步，使用回归分析法计算出的模型为：$y = 43.06 + 9.81x$

当$x = 45$时，$y = 43.06 + 9.81 × 45 = 484.51$（万元）

（3）变动成本法和完全成本法计算。

①按变动成本法计算乙产品的单位成本和营业利润：

变动生产成本总额 ＝ 直接材料 ＋ 直接人工 ＋ 变动制造费用

　　　　　　　＝ 20 000 ＋ 15 000 ＋ 20 000 ＝ 55 000（元）

单位产品成本 ＝ 变动生产成本总额 ÷ 产量 ＝ 55 000 ÷ 10 000 ＝ 5.5（元）

变动成本 ＝ 销售产品变动生产成本 ＋ 变动销售费用 ＋ 变动管理费用

　　　　　　　＝ 8 000 × 5.5 ＋ 0 ＝ 44 000（元）

固定成本 ＝ 固定制造费用 ＋ 固定销售费用 ＋ 固定管理费用 ＝ 20 000 ＋ 10 000 ＝ 30 000（元）

贡献边际 ＝ 销售收入 － 变动成本 ＝ 8 000 × 10 － 44 000 ＝ 36 000（元）

营业利润 ＝ 贡献边际 － 固定成本 ＝ 36 000 － 30 000 ＝ 6 000（元）

②按完全成本法计算甲产品的单位成本和营业利润：

生产成本总额 ＝ 直接材料 ＋ 直接人工 ＋ 变动制造费用 ＋ 固定制造费用

　　　　　　　＝ 20 000 ＋ 15 000 ＋ 20 000 ＋ 20 000 ＝ 75 000（元）

单位产品成本 ＝ 生产成本总额 ÷ 生产量 ＝ 75 000 ÷ 10 000 ＝ 7.5（元）

销售成本 ＝ 期初存货成本 ＋ 本期生产成本 － 期末存货成本

　　　　　　　＝ 0 ＋ 75 000 － 2 000 × 7.5 ＝ 60 000（元）

期间成本 ＝ 销售费用 ＋ 管理费用 ＝ 10 000（元）

销售毛利 ＝ 销售收入 － 销售成本 ＝ 8 000 × 10 － 60 000 ＝ 20 000（元）

营业利润 ＝ 销售毛利 － 期间成本 ＝ 20 000 － 10 000 ＝ 10 000（元）

③两种方法下，变动成本法下营业利润比完全成本法少 4 000 元。原因是变动成本法下的固定性制造费用全部作为期间费用，直接与当年的销售收入相配比。而在完全成本法下，期末存货吸收了 4 000 元的固定制造费用，所以，变动成本法的利润比完全成本法少4 000元。

（4）计算传统成本核算方法和作业成本法下两种产品的成本。

①用传统成本核算方法计算产品成本，见表2-20。

表2-20　　　　　　　　　　　　传统成本核算法成本计算表　　　　　　　　金额单位：元

成本项目	α产品	β产品	合计
直接材料总成本	18 000	14 000	32 000
直接人工总成本	11 000	8 000	19 000
制造费用	30 000	26 000	56 000
产品总成本合计	59 000	48 000	107 000
产量（件）	500	400	—
单位成本	118	120	—
其中：制造费用分配率	56 000 ÷（3 × 500 ＋ 3.25 × 400）＝ 20		

②用作业成本法计算产品成本。

第一步，计算成本动因率，见表2-21。

表2-21　　　　　　　　　**成本动因率计算表**

作业中心	成本动因	消耗动因量			制造费用（元）	成本动因率
		α产品	β产品	合计		
材料整理	材料处理批数	10	30	40	14 000	350
质量检验	检验次数	10	15	25	10 000	400
机器调试	调试次数	80	120	200	20 000	100
使用机械	机器小时数	20	80	100	12 000	120
合计	—	—	—	—	56 000	—

第二步，将各作业中心资源成本分配给各产品，见表2-22。

表2-22　　　　　　　　　**制造费用分配表**

成本库	制造费用	成本动因率	α产品		β产品	
			消耗动因	分配成本（元）	消耗动因	分配成本（元）
材料整理	14 000	350	10	3 500	30	10 500
质量检验	10 000	400	10	4 000	15	6 000
机器调试	20 000	100	80	8 000	120	12 000
使用机械	12 000	120	20	2 400	80	9 600
合计	56 000	—	—	17 900	—	38 100

第三步，计算产品总成本和单位成本，见表2-23。

表2-23　　　　　　　　**作业成本法的成本计算表**　　　　　　　　金额单位：元

成本项目	α产品	β产品	合计
直接材料总成本	18 000	14 000	32 000
直接人工总成本	11 000	8 000	19 000
制造费用	17 900	38 100	56 000
产品成本合计	46 900	60 100	107 000
产量（件）	500	400	—
单位成本	93.8	150.25	—

（5）计算丙产品的总成本差异、各成本因素的成本差异和分解差异。

总成本差异 = 实际成本－标准成本

$\qquad$ = 50 000 + 25 000 + 10 000 + 7 500 − 920 × 100 = 500（元）

实际成本高于标准成本，总成本差异为不利差异。

①直接材料成本差异 = 实际材料成本 − 标准材料成本 = 50 000−500 × 100 = 0

直接材料价格差异 = 实际耗用量 ×（实际单价 − 标准单价）

$\qquad$ = 4 000 ×（50 000 ÷ 4 000 − 10）= 10 000（元），不利差异。

直接材料数量差异 = （实际耗用量 – 标准耗用量）× 标准单价

    = （4 000 – 50 × 100）× 10 = – 10 000（元），有利差异。

②直接人工成本差异 = 实际人工成本 – 标准人工成本

    = 25 000 – 240 × 100 = 1 000（元）

直接人工的实际成本高于标准成本，不利差异。

直接人工工资率差异 = 实际工时 ×（实际工资率 – 标准工资率）

    = 2 500 ×（25 000 ÷ 2 500 – 8）= 5 000（元），不利差异。

直接人工效率差异 = （实际工时 – 标准工时）× 标准工资率

    = （2 500 – 30 × 100）× 8 = –4 000（元），有利差异。

③变动制造费用成本差异 = 实际变动制造费用成本 – 标准变动制造费用成本

    = 10 000 – 120 × 100 = –2 000（元）

变动制造费用实际成本高于标准成本，有利差异。

变动制造费用耗费差异 = 实际耗用量 ×（实际单价 – 标准单价）

    = 2 500 ×（10 000 ÷ 2 500 – 4）= 0

变动制造费用效率差异 = （实际耗用量 – 标准耗用量）× 标准单价

    = （2 500 – 30 × 100）× 4 = –2 000（元），有利差异。

④固定制造费用成本差异 = 固定制造费用实际成本 – 固定制造费用标准成本

    = 7 500 – 60 × 100 = 1 500（元）

固定制造费用实际成本高于标准成本，不利差异。

（6）计算投资报酬率和剩余收益

投资报酬率 = 营业利润 ÷ 投资额 × 100% = 90 000 ÷ 500 000 × 100% = 18%

剩余收益 = 营业利润 – 投资额 × 预期最低投资报酬率

    = 90 000 – 500 000 × 16% = 10 000（元）

分析：丁产品的投资报酬率低于车间的正常报酬率，但高于最低投资报酬率，且高于公司整体的投资报酬率，剩余收益为 10 000 元，可以给企业带来额外收益，因而可以投资生产丁产品。

项目三

营运管理实训

职业技能要点与重难点

序号	工作任务	任务分解	技能操作	重难点
1	本量利分析	单一品种本量利分析 多品种本量利分析	(1) 边际贡献及相关指标 (2) 保本分析 (3) 保利分析 (4) 多品种条件下的本量利分析	(1) 保本分析 (2) 保利分析 (3) 多品种条件下的本量利分析
2	敏感性分析	敏感因素及敏感系数	(1) 单价变动对盈亏平衡点的影响 (2) 单位变动成本对盈亏平衡点的影响 (3) 固定成本变动对盈亏平衡点的影响 (4) 多因素变动对盈亏平衡点的影响 (5) 产品结构变动对盈亏平衡点的影响	各指标变动对企业盈利的结果影响分析

任务一　本量利分析

技能点18　边际贡献及相关指标

一、实训任务

1. 进行边际贡献指标计算
2. 进行变动成本率计算
3. 理解边际贡献率与变动成本率的关系

二、实训材料

1. 产品相关数据资料
2. 计算工具

三、实训内容

边际贡献（Contribution Margin，CM）也称作贡献毛益、贡献边际、边际利润或创利额，是指销售收入减去其变动成本以后的金额。边际贡献通常有以下三种表现形式：

（一）单位边际贡献

单位边际贡献（CM），是指某种商品的销售单价减去该商品的单位变动成本以后的差额，反映单位产品的盈利能力，即每增加一个单位产品的销售能给企业提供的贡献。其计算公式为：

单位边际贡献＝销售单价－单位变动成本＝边际贡献总额/销售量

（二）边际贡献总额

边际贡献总额（TCM），是指一定时期的销售收入总额减去变动成本总额后的余额，反映了本期产品销售为企业利润总额所做的贡献。其计算公式为：

边际贡献总额＝销售收入总额－变动成本总额

应注意的是：企业各种产品所提供的边际贡献总额并不是企业的利润。因为边际贡献总额首先用来补偿固定成本总额（利润＝边际贡献总额–固定成本总额）。如有余额，才能为企业提供利润；如不够补偿固定成本总额，则会出现亏损。所以，边际贡献的实质就是各种为企业提供盈利的能力，是衡量每种产品的盈利水平的一项重要指标。因此，对于企业的经营决策来说，边际贡献是一个导向性的指标，有举足轻重的影响。

（三）边际贡献率

边际贡献率（CMR），也称贡献毛益率、边际利润率或创利率，是指边际贡献在销售收入中所占的百分比。计算公式如下：

边际贡献率＝单位边际贡献/单价×100%＝边际贡献总额/销售收入×100%

与边际贡献率密切关联的指标是变动成本率，是指变动成本占销售收入的百分比，或指单位变动成本占单价的百分比。计算公式如下：

变动成本率＝单位变动成本/单价×100%＝变动成本总额/销售收入×100%

将边际贡献率与变动成本率两个指标联系起来考虑，可以得出以下关系式：

边际贡献率＋变动成本率＝1

由此可知，边际贡献率与变动成本率具有互补关系，变动成本率低的企业，边际贡献率高，意味着企业创利能力强；变动成本率高的企业，边际贡献率低，意味着企业创利能力弱。因此，企业应尽可能地增加边际贡献率高的产品的生产量和销售量，这会给企业赢得更多的利润。

四、实训注意事项

1. 进行本项目实训之前要对边际贡献的概念有一定的理解；

2. 能够结合实际准确获取计算公式中的相关指标；

3. 该实训项目的计算对于 Excel 的应用没有特别的要求，学生可根据具体情况加以使用。

五、实训案例

【技能训练3-1】宝升公司只生产一种产品，单价为16元，单位变动成本为12元，固定成本为18 000元，2024年销售量为8 000件。

要求：

（1）计算单位边际贡献、边际贡献总额、边际贡献率；

（2）计算营业利润；

（3）计算变动成本率；

（4）验证边际贡献率与变动成本率的关系。

解析：

（1）单位边际贡献= 16 – 12 = 4（元）

边际贡献总额= 4 × 8 000 = 32 000（元）

边际贡献率= 4 ÷ 16 = 25%

（2）营业利润= 32 000 – 18 000 = 14 000（元）

（3）变动成本率= 12 ÷ 16 = 75%

（4）边际贡献率 + 变动成本率= 25% + 75% = 1

技能点19 保本分析

一、实训任务

1. 进行保本量计算
2. 进行保本额计算

二、实训材料

1. 产品相关数据资料
2. 计算工具

三、实训内容

（一）认知保本点

1. 保本点

保本点是本量利分析中的企业盈亏临界点，所以保本点又称为盈亏平衡点、盈亏临界点，是指企业产品销售总收入恰好等于成本总额时的销售量或销售额。企业的营业利润为零时对应的销售量或者销售额，称为保本点销售量或者保本点销售额，如图3-1所示。

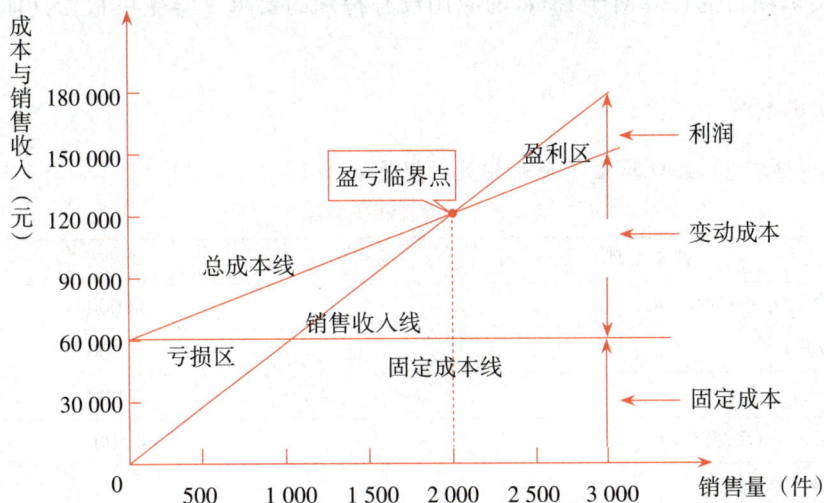

图3-1 保本点示意图

2.保本点的两种表现形式

（1）实物数量表现，称为保本（点）销售量，即销售多少数量的产品才能实现保本，简称保本量。

（2）货币金额表现，称为保本（点）销售额，即销售多少金额的产品才能实现保本，简称保本额。

（二）推导计算公式

根据上述保本点的概念，按照如下步骤推导保本点的计算公式：

第一步，变动成本法下损益计算的基本公式。

$$营业利润 = 贡献毛益 - 固定成本$$
$$= 销售收入 - 变动成本 - 固定成本$$
$$= （销售单价 - 单位变动成本）\times 销售量 - 固定成本$$

第二步，保本点的公式表示。

$$营业利润 = （销售单价 - 单位变动成本）\times 销售量 - 固定成本 = 0$$

第三步，计算保本点。

$$保本点销售量 = 固定成本总额 / （销售单价 - 单位变动成本）$$
$$保本点销售额 = 保本点销售量 \times 销售单价$$

第四步，公式拓展。

$$保本点销售量 = 固定成本总额 / 单位贡献毛益$$
$$保本点销售额 = 固定成本总额 / 贡献毛益率$$

第五步，进行企业盈利可能性分析。

结合企业实际经营状况或预计经营状况，对企业盈利的可能性进行分析。

四、实训注意事项

1.进行本项目实训之前要对变动成本法下的损益公式有一定的理解；

2.能够结合实际准确获取保本点计算公式中的相关指标；

3.该实训项目的计算对于 Excel 的应用没有特别的要求，学生可根据具体情况加以使用。

五、实训案例

【技能训练3-2】某口罩生产企业相关数据见表3-1。

表3-1   某口罩生产企业相关数据表

成本项目	数据
店铺租期3年，每年租金（元）	36 000
水电费（元/月）	1 300
机械设备（元）	7 200
职工工资（4人）（元/月/人）	4 500
口罩材料成本（元/包）	5
口罩售价（元/包）	15

要求：计算口罩生产企业的保本点。

解析：

（1）整理数据。

租金：36 000 / 12 = 3 000（元/月）

机械设备：7 200 / 3 / 12 = 200（元/月）

职工工资：4 500×4 = 18 000（元/月）

（2）利用基本公式进行计算。

固定成本 = 3 000 + 1 300 + 200 + 18 000 = 22 500（元/月）

保本点销售量 = 固定成本总额 /（销售单价 – 单位变动成本）

$\qquad$ = 22 500 /（15 – 5）= 2 250（包）

保本额 = 15 × 2 250 = 33 750（元）

（3）利用拓展公式进行计算。

固定成本 = 3 000 + 1 300 + 200 + 18 000 = 22 500（元/月）

单位边际贡献= 15 – 5 = 10（元）

边际贡献率 = 10 / 15 = 0.6667

保本点销售量 = 22 500 / 10 = 2 250（包）

保本点销售额 = 22 500 / 0.6667≈33 748（元）

技能点20　保利分析

一、实训任务

1.进行保利量计算

2.进行保利额计算

二、实训材料

1.产品相关数据资料

2.计算工具

三、实训内容

（一）认知保利点

1.保利点

保利点是指在单价和成本水平既定的情况下，为确保事先确定的目标利润（PT）能够实现而应当达到的业务量的统称。

2.保利点的表现形式

单一品种条件下，保本点表现形式有两种：

（1）保利点销售量（简称保利量，记作 x_2）。

（2）保利点销售额（简称保本额，记作 y_2）。

（二）推导保利点的计算公式

在单一品种条件下，保利点的计算公式：

保利量（x_2）=（固定成本＋目标利润）/（单价－单位变动成本）

　　　　　　 =（固定成本＋目标利润）/单位贡献边际

　　　　　　 = 保本量＋目标利润/单位贡献边际

保利额（y_2）= 单价×保利量

　　　　　　 =（固定成本＋目标利润）/（1－变动成本率）

　　　　　　 =（固定成本＋目标利润）/贡献边际率

四、实训注意事项

1. 进行本项目实训之前要对保利点的概念有一定的理解；

2. 能够结合实际准确获取计算公式中的相关指标；

3. 该实训项目的计算对于 Excel 的应用没有特别的要求，学生可根据具体情况加以使用。

五、实训案例

【技能训练3-3】恒达公司生产和销售单一产品，产品单位售价为50元。单位变动成本为25元，固定成本为50 000元，若目标利润为40 000元，

要求：计算保利点销售量和保利点销售额。

解析：

$$保利点销售量 = \frac{50\,000 + 40\,000}{50 - 25} = 3\,600 （件）$$

$$保利点销售额 = 50 × 3\,600 = 180\,000 （元）$$

$$或 \quad = \frac{50\,000 + 40\,000}{1 - \frac{25}{50}} = 180\,000 （元）$$

技能点21　多品种条件下的本量利分析

一、实训任务

进行多品种下综合保本销售额的计算

二、实训材料

1. 产品相关数据资料

2. 计算工具

三、实训内容

实际工作中，绝大多数企业都不可能只生产一种产品，更多的是两种以上的多品种的

产销活动。企业同时产销多种产品，盈亏平衡点就不能用实物量表示，因为不同质的各种产品，在数量上是不能相加的。在单一品种的情况下，可以采用销售数量来表示，而在多品种的情况下，就应采用销售金额来表示。多种产品的本量利分析方法主要为综合边际贡献率法。

综合边际贡献率法是在确定企业综合边际贡献率的基础上，分析多品种条件下本量利关系的一种方法。它适用于多种产品都使用同一固定资产，固定成本无法划分的情况。计算公式为：

$$综合保本销售额 = 固定成本总额 / 综合边际贡献率$$

使用这种方法的关键就是确定综合边际贡献率，其计算方法有以下三种：

（一）加权平均边际贡献率法

加权平均边际贡献率法是指在各种产品边际贡献的基础上，以各种产品的预计销售收入比重为权数，先确定企业加权平均的综合毛益率，然后分析多品种条件下本量利关系的一种定量分析的方法。具体步骤为：

1.计算各种产品的边际贡献率。

2.计算全部产品的销售总额。

$$销售总额 = \sum (某种产品的单价 \times 该产品的预计销售量)$$

3.计算各种产品的销售比重。

$$销售比重 = 某种产品的销售额 / 全部产品的销售总额$$

4.计算企业综合边际贡献率。

$$综合边际贡献率 = \sum (各产品的边际贡献率 \times 各产品的销售比重)$$

5.计算企业的综合保本销售额。

$$综合保本销售额 = 固定成本总额 / 综合边际贡献率$$

6.计算各种产品的保本销售额及销售量。

$$各种产品的保本销售额 = 综合保本销售额 \times 各产品的销售比重$$

$$各种产品的保本销售量 = 各种产品保本销售额 / 各种产品的单价$$

（二）边际贡献率总和法

边际贡献率总和法是在计算每种产品为企业创造的边际贡献率基础上，求出企业边际贡献率的总和，从而得到综合边际贡献率的一种方法。计算公式为：

$$\frac{某种产品为企业}{创造的边际贡献率} = \frac{该产品创造的边际贡献}{企业全部产品销售收入之和} \times 100\%$$

$$综合边际贡献率 = \sum 每种产品为企业创造的边际贡献率$$

此方法适用于已知各种产品为企业创造的边际贡献率的情况，但该方法无法进一步确定每种产品的盈亏平衡点等指标。

（三）边际贡献总额法

边际贡献总额法是根据一定条件下企业各种产品的边际贡献总额与销售收入总额之比来确定综合边际贡献率的一种方法。计算公式为：

$$综合边际贡献率 = 全部产品边际贡献之和 / 全部产品销售收入之和 \times 100\%$$

此方法比较简单，不需要每种产品的详细资料，只需要企业边际贡献总额和销售收入资料，但该方法无法进一步确定每种产品的盈亏平衡点等指标。

上述三种计算综合边际贡献率的方法实质上是一样的，只是它们分别适用于掌握资料详略不同的各种情况。尽管加权平均边际贡献率法要求掌握比其他两种方法更详细、更具体的资料，但它因能够提供比其他两种方法更为有用的信息而更具有实用性。由于在管理会计实务中，大多按加权平均法计算综合边际贡献率，故也有人将综合边际贡献率法直接称为加权平均法。

四、实训注意事项

1. 进行本项目实训之前要对本量利分析的公式有一定的理解；

2. 能够结合实际准确获取计算公式中的相关指标；

3. 该实训项目的计算对于Excel的应用没有特别的要求，学生可根据具体情况加以使用。

五、实训案例

【技能训练3-4】某公司生产甲、乙、丙三种产品，其固定成本总额为19 800元，三种产品的有关资料见表3-2。

表3-2   产品成本数据表

品种	销售单价（元）	销售量（件）	单位变动成本（元）
甲	2 000	60	1 600
乙	500	30	300
丙	1 000	65	700

要求：

（1）采用加权平均法计算该厂的综合保本销售额及各产品的保本销售量。

（2）计算该公司营业利润。

解析：

（1）甲产品的销售比重 = 2 000 × 60/200 000 = 60%

乙产品的销售比重 = 500 × 30/200 000 = 7.5%

丙产品的销售比重 = 1 000 × 65/200 000 = 32.5%

甲产品的贡献毛益率 =（2 000−1 600）/ 2 000 = 20%

乙产品的贡献毛益率 =（500−300）/ 500 = 40%

丙产品的贡献毛益率 =（1 000−700）/ 1 000 = 30%

综合贡献毛益率 = 20% × 60% + 40% × 7.5% + 30% × 32.5% = 24.75%

综合保本额 = 19 800 / 24.75% = 80 000（元）

甲产品保本量 = 80 000 × 60% / 2 000 = 24（件）

乙产品保本量 = 80 000 × 7.5%/500 = 12（件）

丙产品保本量 = 80 000 × 32.5%/1 000 = 26（件）

（2）营业利润 =［（2 000 × 60 + 500 × 30 + 1 000 × 65）× 24.75%］− 19 800

= 29 700（元）

【明德善思】党的二十大报告提出："推动经济实现质的有效提升和量的合理增长。"这充分体现了我党推动高质量发展的决心，为今后一个时期经济发展指明了方向。我们要全面贯彻党的二十大精神，完整、准确、全面贯彻新发展理念，坚持以推动高质量发展为主题，把实施扩大内需战略同深化供给侧结构性改革有机结合起来，增强国内大循环内生动力和可靠性，提升国际循环质量和水平，加快建设现代化经济体系，着力提高全要素生产率，着力提升产业链、供应链韧性和安全水平，着力推进城乡融合和区域协调发展，推动我国经济发展行稳致远，为全面建成社会主义现代化强国奠定坚实的物质基础。

任务二　敏感性分析

技能点22　敏感因素及敏感系数

一、实训任务

1. 计算各因素对盈亏平衡点的影响程度
2. 计算各因素对于利润的敏感系数

二、实训材料

1. 产品相关数据资料
2. 计算工具

三、实训内容

（一）认知敏感因素及敏感系数分析

1. 敏感因素及敏感系数概念

各因素变动都会引起利润的变动，但其影响程度不同。有的因素较小的变动就会引起利润较大的变化，这样的因素称为强敏感性因素；有的因素较大的变化只引起利润较小的变动，这样的因素称为弱敏感性因素。

测定敏感程度的指标称为敏感系数，其计算公式如下：

敏感系数 = 目标值变动百分比 / 因素值变动百分比

2. 敏感系数分析的意义

企业测定敏感系数是为了让管理者了解哪些因素对于利润来说是强敏感性因素，哪些是弱敏感性因素，只有这样，才能有针对性地做出应对措施以保证目标利润的实现。

3. 计算各因素对盈亏平衡点变动的运用

（1）单价变动对盈亏平衡点的影响。

单价变动对盈亏平衡点的影响可按下列公式计算：

单价变动后的保本销售量 = 固定成本 / 原单价 ± 单价变动额 - 单位变动成本

单价变动后的保本销售额＝固定成本／（1－单位变动成本／原单价±单价变动额）

可见，在其他因素不变的情况下，单价提高，将使产品的边际贡献增加，从而使盈亏平衡点降低。这样，同样的销售量实现的利润就越多。单价降低，将使产品的边际贡献减少，盈亏平衡点升高。这样，同样的销量实现的利润就越少。

需要说明的是，从盈亏平衡点降低的角度看，提高产品的销售单价对企业经营是有利的，但从另一方面来看，价格的提高总是伴随着市场占有率（即销售量）下降这一负面影响。因此，必须从这两个方面综合进行分析，才能最终做出有利于企业经营的决策。

（2）单位变动成本变动对盈亏平衡点的影响。

单位变动成本变动对盈亏平衡点的影响可按下列公式计算：

$$\text{单位变动成本变动后的保本销售量} = \text{固定成本} / \text{单价} - (\text{原单位变动成本} \pm \text{单位变动成本变动额})$$

$$\text{单位变动成本变动后的保本销售额} = \text{固定成本} / (1 - \text{原单位变动成本} \pm \text{单位变动成本变动额} / \text{单价})$$

在其他因素不变的情况下，盈亏平衡点的变动方向正好与单位变动成本的变动方向一致。单位变动成本增加时，单位边际贡献按其增加额相应地减少，盈亏平衡点必然上升；单位变动成本减少时，单位边际贡献按其减少额相应地增加，盈亏平衡点必然下降。

（3）固定成本变动对盈亏平衡点的影响。

固定成本变动对盈亏平衡点的影响可按下列公式计算：

固定成本变动后的保本销售量＝固定成本±固定成本变动额／单位边际贡献

固定成本变动后的保本销售额＝原固定成本±固定成本变动额／边际贡献率

在其他因素不变的情况下，当固定成本增加时，盈亏平衡点就会增加；当固定成本减少时，盈亏平衡点就会减少。

（4）多因素变动对盈亏平衡点的影响。

以上所述是为了保证实现目标利润，分项逐步计算各有关因素所采取的相应措施，但在实际工作中，各有关因素往往不是孤立存在的，而是相互制约、相互影响的。因此，为如实反映客观实际情况，往往需要综合计算各有关因素同时变动的影响。如果各影响因素共同变动，则总成本线、收入线都将同时发生移动，这必将引起盈亏平衡点发生变化。盈亏平衡点移动的方向和距离以及利润变动的数额，则由这些因素共同作用的结果而定。计算公式如下：

$$\text{多因素变动后的保本销售量} = \text{原固定成本} \pm \text{固定成本变动额} / (\text{原单价} \pm \text{单价变动额} - (\text{原单位变动成本} \pm \text{单位变动成本变动额}))$$

$$\text{多因素变动后的保本销售额} = \text{原固定成本} \pm \text{固定成本变动额} / (1 - \text{原单位变动成本} \pm \text{单位变动成本变动额} / 1 - \text{原单价} \pm \text{单价变动额})$$

（5）产品结构变动对盈亏平衡点的影响。

各种产品的销售额占销售总额的比重就是产品结构。当企业同时生产多种产品时，由于各种产品的边际贡献不同，所以产品结构变动必然对整个企业的盈亏平衡点产生影响。在多品种盈亏平衡点的计算过程中，产品结构是影响综合边际贡献率的关键指标，具体表现为：在产品结构中提高边际贡献率高的产品的比重，或降低边际贡献率低的产品的比重，会提高综合边际贡献率，相应降低盈亏平衡点，使企业的利润水平提高，经营状况向好的方向发展；反之，情况则正好相反。因此，确定经济合理的产品品种结构，是提高企业盈利能力的一项重要措施。

综上所述，要增加利润，在产销单一产品的情况下，应从提高销售量和销售单价、降低单位变动成本和固定成本总额等方面入手；而在产销多种产品的情况下，还可以通过调整产品结构、增加边际贡献率高的产品的销售比重来实现。

四、实训注意事项

1. 进行本项目实训之前要对敏感因素概念有一定的理解；
2. 能够结合实际准确获取计算公式中的相关指标数据；
3. 该实训项目的计算对于 Excel 的应用没有特别的要求，学生可根据具体情况加以使用。

五、实训案例

【技能训练 3-5】某企业 2025 年只生产 A 产品，单价 20 元，单位变动成本 12 元，预计 2025 年固定成本 400 000 元，产销量计划达到 100 000 件。

要求：

（1）根据提供的资料，分析单价、单位变动成本、固定成本、销售量等因素发生多大变化，将使企业由盈利转为亏损。

（2）根据提供的资料，分析单价、单位变动成本、固定成本、销售量等因素对利润的敏感程度。

解析：

（1）预测 2025 年利润 =（20 - 12）× 100 000 - 400 000 = 400 000（元）

单价最小值 = 16 元

单位变成成本最大值 = 16 元

固定成本最大值 = 800 000 元

销售量最小值 = 50 000 件

（2）计算敏感程度

①单价提高 20%，利润 =（24 - 12）× 100 000 - 400 000 = 800 000（元）

利润变动率为 100%，单价敏感系数 = 100% ÷ 20% = 5

②单位变动成本提高 20%，利润 =（20 - 14.4）× 100 000 - 400 000 = 160 000（元）

利润变动率为 -60%，单位变动成本敏感系数 = -60% ÷ 20% = -3

③固定成本提高 20%，利润 =（20 - 12）× 100 000 - 480 000 = 320 000（元）

利润变动率为 -20%，固定成本敏感系数 = -20% ÷ 20% = -1

④销售量提高 20%，利润 =（20 - 12）× 120 000 - 400 000 = 560 000（元）

利润变动率为 40%，销售量敏感系数 = 40% ÷ 20% = 2

【明德善思】随着企业集团的管控模式从财务控制为主逐渐向战略控制型转变，全面预算管理实现了集团总部、二级单位及基层单位的全级次覆盖，全面预算管理越来越成为集团管控的抓手。传统的预算管理是按历史业绩和弹性业务量预估次年的预算，缺乏对竞争因素和市场环境的分析。

敏感性分析方法在全面预算管理的应用，是对预算管理的积极探索，是将业务经营指标与财务预算数据间建立因果关系，是在竞争环境和市场因素下积极构建以战略成效为导向的经营系统。敏感性分析可以提高财务运营与生产经营的协同，有机整合资源和调整适应战略，提高预算的真实性、准确性和可操作性，同时也为动态控制和监督评价提供了依据。

项目实训

1.A企业生产和销售单一产品，该产品单位售价为80元，单位变动成本为50元，固定成本总额为60 000元，预计正常销售量为4 000件。

要求：（1）计算盈亏临界点销售量及盈亏临界点作业率。

（2）计算安全边际及安全边际率。

解析：

（1）盈亏临界点销售量 = 60 000 ÷（80 − 50）= 2 000（件）

盈亏临界点作业率 = 2 000/4 000 × 100% = 50%

（2）安全边际 = 4 000 − 2 000 = 2 000（件）

安全边际率 = 2 000/4 000 × 100% = 50%

2.甲企业生产和销售A、B、C三种产品，该企业计划年度三种产品品种构成比例不变，计划销售量、单价、单位变动成本数据见表3-3，计划年度固定成本总额为174 000元。

表3-3　　　　　　　　　　　　　　　产品数据表

产品	计划销售量（件）	单价（元）	单位变动成本（元）
A	5 000	80	50
B	3 000	90	70
C	2 000	100	60

要求：计算三种产品的盈亏临界点销售量。

解析：

A、B、C三种产品的单位边际贡献分别为：

A产品单位边际贡献=80 − 50 = 30（元）

B产品单位边际贡献=90 − 70 = 20（元）

C产品单位边际贡献=100 − 60 = 40（元）

设A、B、C三种产品的盈亏临界点销售量分别为$5x$件，$3x$件和$2x$件，由题设可得：

$30 × 5x + 20 × 3x + 40 × 2x = 174 000$

$x = 600$

故三种产品的盈亏临界点销售量分别为：

A 产品盈亏临界点销售量 = 5 × 600 = 3 000（件）

B 产品盈亏临界点销售量 = 3 × 600 = 1 800（件）

C 产品盈亏临界点销售量 = 2 × 600 = 1 200（件）

3. 某公司只生产一种产品，单位售价为 10 元，每月销售量为 2 000 件，单位变动成本为 8 元，每月固定成本为 3 000 元。为了增加利润，有两个方案可供选择。

方案一：将售价降低 0.5 元，销售量预计可增加 35%；

方案二：不降低售价而每月花 500 元作广告，销售量预计可增加 20%。

要求：请分析并选择更有利的方案。

解析：

比较两个方案哪一个更有利的标准是两个方案下的预计利润。

方案一：销售单价 = 10 − 0.5 = 9.5（元）

销售量 = 2 000 ×（1 + 35%）= 2 700

件单位变动成本 = 8 元

固定成本 = 3 000 元

预计利润 = 销售量 ×（销售单价 − 单位变动成本）− 固定成本

　　　　 = 2 700 ×（9.5 − 8）− 3 000 = 1 050（元）

方案二：销售单价 = 10 元

单位变动成本 = 8 元

销售量 = 2 000 ×（1 + 20%）= 2 400（件）

固定成本 = 3 000 + 500 = 3 500（元）

预计利润 = 销售量 ×（销售单价 − 单位变动成本）− 固定成本

　　　　 = 2 400 ×（10 − 8）− 3 500 = 1 300（元）

比较方案一与方案二的预计利润可知，方案二的预计利润比方案一高出 250 元（1 300 − 1 050），故方案二更有利。

项目四

短期经营决策实训

职业技能要点与重难点

序号	工作任务	任务分解	技能操作	重难点
1	生产决策实训	(1) 新产品生产决策 (2) 亏损产品决策 (3) 特别订货决策 (4) 半成品是否深加工决策 (5) 零部件自制或外购决策	(1) 能够熟悉生产决策的主要内容 (2) 能够进行新产品生产决策 (3) 能够进行亏损产品生产决策 (4) 能够进行特别订货决策 (5) 能够进行半成品是否深加工决策 (6) 能够进行零部件自制或外购决策	(1) 进行新产品生产决策 (2) 进行亏损产品生产决策 (3) 进行特别订货决策 (4) 进行半成品是否深加工决策 (5) 进行零部件自制或外购决策
2	定价决策实训	(1) 成本加成定价法 (2) 利润最大化定价法 (3) 调价决策分析法	(1) 能够运用成本加成定价法进行定价决策 (2) 能够运用利润最大化定价法进行定价决策 (3) 能够运用调价决策分析法进行定价决策	(1) 运用利润最大化定价法进行定价决策 (2) 运用调价决策分析法进行定价决策

任务一　生产决策实训

技能点23　新产品生产决策

一、实训任务

进行新产品生产的决策分析

二、实训材料

1. 产品相关数据资料
2. 计算工具

三、实训内容

(一) 认知新产品生产决策

新产品开发的品种决策是指企业利用现有的绝对剩余生产经营能力开发新产品时，在两个或两个以上可供选择的多个新品种中选择一个最优品种的决策，属于互斥方案决策。

（二）认知新产品生产决策分析方法

1.贡献毛益分析法的含义

贡献毛益分析法，是指以有关方案的贡献毛益指标作为决策评价指标的一种方法。

2.贡献毛益分析法的应用

（1）当企业存在剩余生产经营能力，且剩余生产能力为已知的确定数时。

当企业存在剩余生产经营能力，且剩余生产能力为已知的确定数时，通过计算贡献毛益总额指标进行决策，贡献毛益总额大者优。

对于某一产品来说，单位贡献毛益指标反映产品的盈利能力，但在不同备选方案之间进行比较分析时，不能以单位贡献毛益指标作为评价标准，而必须以贡献毛益总额指标作为方案取舍的依据。因为，在生产能力一定的前提下，不同方案的单位产品耗费的生产能力有所不同，因此各方案能够生产的产品总量也可能不同，单位贡献毛益最大的方案不一定是贡献毛益总额最大的方案。用单位贡献毛益评价各备选方案，可能导致决策失误。

（2）当企业存在剩余生产经营能力，但不确定具体数额时。

当企业存在剩余生产经营能力，但不确定具体数额时，无法计算利用剩余生产能力能够生产的产品总量，也就无法通过计算贡献毛益总额指标来进行生产决策。此时，应采用单位生产能力所提供的贡献毛益作为评价指标，单位生产能力所提供的贡献毛益大者优。因为，在生产能力一定的前提下，单位生产能力所提供的贡献毛益大的方案，实质上就是贡献毛益总额大的方案。

单位生产能力所提供的贡献毛益 = 单位贡献毛益/单位产品定额台时

（3）存在专属成本或机会成本。

在存在专属成本或机会成本的情况下，应通过计算备选方案的剩余贡献毛益指标进行决策。贡献毛益总额减去专属成本或机会成本后的余额称为剩余贡献毛益。剩余贡献毛益大者优。

四、实训注意事项

1. 进行本项目实训之前要对变动成本法下的损益公式和相关成本的概念有一定的理解；

2. 能够结合实际准确获取计算公式中的相关指标数据；

3. 该实训项目的计算对于 Excel 的应用没有特别的要求，学生可根据具体情况加以使用。

五、实训案例

【技能训练4-1】苏润公司现有利用数量有限的甲材料开发一种新产品的生产能力，不需要追加专属成本，但只能在A、B两个产品中选择其一。A、B产品的预计单价分别为 2 000 元和 1 000 元，单位变动成本分别为 1 600 元和 700 元，消耗甲材料的单位产品消耗定额分别为 10 千克和 6 千克。假定企业只有甲材料60 000 千克。

要求：帮助苏润公司做出新产品生产决策。

解析：由于苏润公司是利用现有剩余生产能力进行生产，不改变公司生产能力规模，在两个方案固定成本相同的前提下，贡献毛益总额大的方案实质上就是利润大的方案，即为最优方案。

（1）计算A产品和B产品的贡献毛益总额，结果见表4-1。

表4-1 　　　　　　　　　　　　　　　　　**贡献毛益总额计算表** 　　　　　　　　　　　　　金额单位：元

项目	A产品	B产品
剩余甲材料（千克）	60 000	60 000
单位产品材料消耗定额（千克）	10	6
销售单价	2 000	1 000
单位变动成本	1 600	700
单位贡献毛益	400	300
生产量（件）	6 000	10 000
贡献毛益总额	2 400 000	3 000 000

（2）结论分析。

经过对A产品和B产品的贡献毛益总额的计算和比较，选择生产B产品对该企业来说是最优方案。

【技能训练4-2】苏润公司具备利用数量有限的甲材料开发一种新产品的生产能力，不需要追加专属成本，但只能在A、B两个产品中选择其一。A、B产品的预计单价分别为2 000元和1 000元，单位变动成本分别为1 600元和700元，消耗甲材料的单位产品消耗定额分别为10千克和6千克。

要求：帮助苏润公司做出新产品生产决策。

解析：

该技能训练与【技能训练4-1】的区别在于只知道有部分剩余生产能力，但不知剩余生产能力的具体数。此时，无法计算利用剩余生产能力能够生产的产品总量，也就无法通过计算贡献毛益总额指标来进行生产决策，但可以通过计算单位生产能力所提供的贡献毛益指标进行决策。

（1）计算A产品和B产品单位生产能力所提供的贡献毛益。具体结果见表4-2。

表4-2 　　　　　　　　　　　　　　　　**单位资源创造贡献毛益计算表** 　　　　　　　　　　　　金额单位：元

项目	A产品	B产品
单位产品材料消耗定额（千克）	10	6
销售单价	2 000	1 000
单位变动成本	1 600	700
单位贡献毛益	400	300
单位生产能力所提供的贡献毛益	40	50

（2）结论分析。

生产A产品单位台时创造的贡献毛益为40元，而生产B产品单位台时创造的贡献毛益为50元，因此应选择生产B产品。

【技能训练4-3】苏润公司现有利用数量有限的甲材料开发一种新产品的生产能力，不需要追加专属成本，但只能在A、B两个产品中选择其一。A、B产品的预计单价分别为2 000元和1 000元，单位变动成本分别为1600元和700元，消耗甲材料的单位产品消耗定额分别为10千克和6千克。假定企业只有甲材料60 000千克。如果苏润公司生产A产品需追加专属成本80 000元，生产B产品会影响原有C产品在市场的销售，减少C产品销售4 000件，每件C产品贡献毛益25元，其他条件不变。

要求：帮助苏润公司做出新产品生产决策。

解析：该技能训练与【技能训练4-1】的区别在于存在专属成本和机会成本，故应通过计算剩余贡献毛益指标进行决策。

（1）计算A产品和B产品的剩余贡献毛益，结果见表4-3。

表4-3　　　　　　　　　　　　剩余贡献毛益计算表　　　　　　　　　　金额单位：元

项目	A产品	B产品
剩余甲材料（千克）	60 000	60 000
单位产品材料消耗定额（千克）	10	6
销售单价	2 000	1 000
单位变动成本	1 600	700
单位贡献毛益	400	300
生产量（件）	6 000	10 000
贡献毛益总额	2 400 000	3 000 000
减：专属成本	80 000	
机会成本		25 × 4 000 = 100 000
剩余贡献毛益	2 320 000	2 900 000

（2）结论分析。

生产A产品增加了专属成本，而生产B产品增加了机会成本，因此将专属成本和机会成本考虑在内，A产品的剩余贡献毛益为2 320 000元，B产品的剩余贡献毛益为2 900 000元，B产品的剩余贡献毛益更大，因此苏润公司应该选择生产B产品。

技能点24　亏损产品生产决策

一、实训任务

进行亏损产品生产的决策分析

二、实训材料

1.产品相关数据资料
2.计算工具

三、实训内容

（一）认知亏损产品生产决策

1.亏损产品

亏损产品是指在完全成本法下产品销售收入不能补偿其全部成本的产品。

（1）实亏产品，即销售收入低于变动成本，贡献毛益为负数。

（2）虚亏产品，即销售收入高于变动成本，能提供边际贡献，这种产品之所以亏损，是因为提供的贡献毛益还不足以弥补其应承担的固定成本。

2.亏损产品生产决策

亏损产品生产决策，是指企业在组织多品种生产经营的条件下，当其中一种产品为亏损产品时，所做出的是否按照原有规模继续生产的相关决策。分为以下三种情况：

第一，继续按原规模生产亏损产品，此方案称为继续生产方案，又称不停产方案。

第二，若剩余生产能力无法转移，停止生产亏损产品，该方案称为停产方案。

第三，若剩余生产能力可以转移，利用亏损产品停产后闲置下来的生产能力转产其他产品，该方案称为转产方案。

（二）认知亏损产品生产决策分析方法

1.亏损产品生产决策分析方法

在新产品生产决策中已经介绍了贡献毛益分析法的概念，该方法除常被应用于企业开发哪一种新产品的决策外，还可用于亏损产品是否停产、转产的决策分析。但是在具体应用时，分析过程略有区别。

2.亏损产品生产决策分析方法的应用

（1）生产能力无法转移时，亏损产品是否停产决策分析。

生产能力无法转移，是指当亏损产品停产后，闲置下来的生产能力无法被用于其他方面，既不能转产，也不能将有关设备对外出租。

（2）生产能力能够转移时，亏损产品是否停产决策分析。

如果亏损产品停产后，闲置下来的生产能力能够转移，如转产其他产品，或将设备对外出租。此时，必须考虑转产所能够带来的贡献毛益，进而对备选方案比较分析后进行决策。

四、实训注意事项

1.进行本项目实训之前要对变动成本法下的损益公式和相关成本的概念有一定的理解。

2.能够结合实际准确获取计算公式中的相关指标数据。

3.该实训项目的计算对于 Excel 的应用没有特别的要求，学生可根据具体情况加以使用。

五、实训案例

【技能训练4-4】苏润公司产销A、B、C三种产品，其中A、B两种产品盈利，C产品亏损，有关资料如表5-8所示。

要求：请做出C产品是否停产的决策（假设停产后的生产能力无法转移）。

解析：

苏润公司C产品为亏损产品，但是C产品停产后生产能力无法转移。因此，只要亏损产品的贡献毛益大于零就不应停产，而应继续生产。因为亏损产品停产，只能减少企业变动成本总额，固定成本总额并不减少，若继续生产亏损产品，亏损产品提供的贡献毛益就可以补偿一部分固定成本，而停产亏损产品不但不会减少亏损，反而会使亏损增加。

（1）分别计算生产和销售不同产品创造的贡献毛益。具体结果见表4-4。

表4-4   贡献毛益计算表   单位：元

项目	A产品	B产品	C产品	合计
销售收入	5 000	8 000	4 000	17 000
生产成本				
直接材料	800	1 400	900	3 100
直接人工	700	800	800	2 300
变动制造费用	500	500	700	1 700
固定制造费用	1 000	1 500	1 100	3 600
非生产成本				
变动销售费用	900	1 200	600	2 700
固定销售费用	500	800	400	1 700
总成本	4 400	6 200	4 500	15 100
净利润	600	1 800	− 500	1 900
贡献毛益	2 100	4 100	1 000	7 200

（2）结论分析。

根据计算分析，虽然C产品是亏损产品，但是如果停止生产C产品，C产品就不能提供1 000元的贡献毛益了，而原来由C产品分摊的固定成本只能分摊到A、B两种产品上，这将使净利润减少1 000元。也就是说，无论C产品是否生产，该公司5 300元的固定成本都要发生，只不过是由三种产品分摊还是由两种产品分摊的问题。因此，在生产能力无法转移的情况下，尽管C产品亏损，也不应该停产，而应继续生产。

【技能训练4-5】苏润公司产销A、B、C三种产品，其中A、B两种产品盈利，C产品亏损。有关资料见【技能训练4-4】，假设苏润公司生产C产品的设备既可以转产D产品，也可以对外出租，每年可获租金900元。转产D产品的具体资料见表4-5。

表4-5   转产D产品的具体资料   单位：元

项目	金额
销售收入	5 000
变动生产成本	2 800
变动性销售及管理费用	900

要求：请做出苏润公司应该继续生产C产品还是转产D产品或者将设备对外出租的决策。

解析：该技能训练与【技能训练4-4】的区别在于C产品停产后生产能力可以转移。因此，其他选择所产生的贡献毛益小于亏损C产品所产生的贡献毛益，就应继续生产。反之，则应该选择其他产生贡献毛益更多的方案。贡献毛益计算表见表4-8。

表4-8　　　　　　　　　　　　　　贡献毛益计算表　　　　　　　　　　　　单位：元

项目	C产品	D产品	对外出租
销售收入	4 000	5 000	—
变动生产成本	2 400	2 800	—
变动性销售及管理费用	600	900	—
贡献毛益	1 000	1 300	900

根据计算分析，C产品继续生产，可以产生1 000元的贡献毛益，转产D产品可以产生1 300元的贡献毛益，对外出租可以产生900元的贡献毛益，因此，苏润公司此时应该停止生产C产品，转产D产品。

技能点25 特殊订货决策

一、实训任务

进行特殊订货的生产决策分析

二、实训材料

1. 产品相关数据资料
2. 计算工具

三、实训内容

（一）认知特殊订货决策

特殊订货决策是指价格低于产品的正常销售价格，甚至低于产品完全成本的订单。这些订单一般并不来自公司现有的常规客户。

从长期的角度看，产品的单位销售价格应高于企业生产和销售该产品的完全成本，只有这样，企业才能获利，才能生存和发展。然而，在企业生产能力有剩余的情况下，是否接受这样的一次性特殊订单，企业管理人员必须仔细斟酌，不加区别地一概拒绝未必是最佳选择。一般应结合企业生产能力，根据差别成本进行具体分析，从而做出正确的决策。

（二）特殊订货决策分析方法

1. 相关损益分析法的含义

相关损益分析法是指在生产决策中以相关损益指标作为决策评价指标，通过比较各备选方案相关损益大小进行方案决策的方法。相关损益是指某方案的相关收入减去相关成本后的余额。

2.相关损益分析法的应用

（1）在生产能力允许范围内的特殊订货。

在运用相关损益法进行决策时，相关损益应该为正指标。如果某一备选方案的相关损益在计算后为负值，该方案应该放弃，不能再作为备选方案。

（2）超越生产能力允许范围的特殊订货。

① 特殊订货压缩原正常产销量。

② 接受特殊订货新增固定成本（专属成本）。

（3）剩余生产能力可以转移。

上述两种情况均假定剩余生产能力无法转移。如果剩余生产能力可以转移，则应将与此有关的可能收益作为追加订货方案的机会成本综合考虑。

四、实训注意事项

1. 进行本项目实训之前要对变动成本法下的损益公式和相关成本的概念有一定的理解；

2. 能够结合实际准确获取计算公式中的相关指标数据；

3. 该实训项目的计算对于Excel的应用没有特别的要求，学生可根据具体情况加以使用。

五、实训案例

【技能训练4-6】东胜汽车轮胎公司为苏润公司的全资子公司，东胜公司专门从事汽车轮胎生产。在预算执行年度中，有一客户九道公司向东胜公司发来一特殊订单，其要求的单价为280元，而且此项订货不需要增加变动销售费用。就是否接受此订单，东胜公司召开了会议。

生产经理：我不同意接受此订单。我们全年固定制造费用预算为5 000 000元，我们轮胎的单价是320元，单位成本为300元，而九道才给出280元的价格，我们一条轮胎就亏损20元。这样卖一条亏一条，我不同意接受这样的订单。

财务经理：我同意接受此订单。我们公司耐磨防爆轮胎一年的产量是110 000条，而今年预计销售量是100 000条，还有10 000条剩余生产量。我们生产一个轮胎，它的单位变动成本为250元，其边际贡献是30元，等于说，在不增加其他费用的情况下，我们接受此订单是有利润的，因此我主张接受此订单。

董事长：好！那就接受此订单！

生产经理：等一下，董事长。九道发来的订单是10 000~11 000条，如果九道要求的订单超过10 000条，我们还要支出额外的费用。而且，已经有其他同行业生产商希望在我们闲置时租用我们的设备，这样同样能带来一笔可观的利润。

销售经理：我认为应该先观望一下。如果我们以280元的价格接受此订单，我们的轮胎就可能被外界认为存在缺陷，这会对我们的品牌价值产生影响。况且，如果我们接受此订单，原先的客户也同样会要求以280元的价格作为购货价格，这样的话，我们该怎么办?

要求：请根据以下几种情况，计算并分析东胜公司是否应该接受此订单。

(1) 九道订货 10 000 条，且闲置生产能力无其他用途；

(2) 九道订货 11 000 条，且闲置生产能力无其他用途；

(3) 九道订货 10 000 条，且有企业愿意以 100 000 元的租金，租用其闲置生产设备；

(4) 九道订货 11 000 条，且有企业愿意以 100 000 元的租金，租用其闲置生产设备。此外，为了满足此订单订货数，东胜公司还需购入一台价值 50 000 元的专用设备，而且这台设备只能用于该特殊订单。

(5) 对于销售经理的话，你有什么感想？

解析：

(1) 由于该特殊订单是利用闲置生产能力生产，不会增加固定成本，而且特殊订货量 10 000 条在生产能力范围之内，不会影响正常销售。相关损益分析法计算见表 4-9。

表4-9　　　　　　　　　　　　　相关损益分析表　　　　　　　　　　　　单位：元

备选方案	接受特殊订单
相关收入	10 000 × 280 = 2 800 000
减：相关成本	
变动成本	10 000 × 250 = 250 0000
相关损益	300 000

接受该特殊订单会给企业带来 300 000 元的边际贡献，从而使企业多获得收益 300 000 元。

(2) 由于该特殊订单是利用闲置生产能力生产，不会增加固定成本，而且特殊订货量 11 000 条超出生产能力范围，若接受该订单将会减少正常销售 1 000 条，由此而减少正常销售 1 000 条的边际贡献应作为接受特殊订货的机会成本。相关损益分析法计算见表 4-10。

表4-10　　　　　　　　　　　　　相关损益分析表　　　　　　　　　　　　单位：元

备选方案	接受特殊订单
相关收入	11 000 × 280 = 3 080 000
减：相关成本	
变动成本	11 000 × 250 = 2 750 000
减少正常销售的机会成本	1 000 × 70 = 70 000
相关损益	260 000

因而接受该特殊订单会使企业多获得收益 260 000 元。

(3) 特殊订货量 10 000 条在生产能力范围之内，但目前企业有一出租闲置设备的机会，若接受该特殊订货将会放弃出租机会，由此而放弃的租金收入 100 000 元应作为接受特殊订单的机会成本。相关损益分析法计算见表 4-11。

表4-11 相关损益分析表 单位：元

备选方案	接受特殊订单
相关收入	10 000 × 280 = 2 800 000
减：相关成本	
变动成本	10 000 × 250 = 2 500 000
放弃出租的机会成本	100 000
边际贡献	200 000

因而接受该特殊价格订货会使企业多获得收益200 000元。

（4）由于接受该特殊订单需要购入一台专用设备，由此会增加专属成本50 000元。同时，接受该特殊订货还会产生两项机会成本，一是由此而减少正常销售1 000条的边际贡献，二是放弃的租金收入。相关损益分析法计算见表4-12。

表4-12 相关损益分析表 单位：元

备选方案	接受特殊订单
相关收入	11 000 × 280 = 3 080 000
减：相关成本	
变动成本	11 000 × 250 = 2 750 000
专属成本	50 000
减少正常销售的机会成本	1 000 × 70 = 70 000
放弃出租的机会成本	100 000
相关损益	110 000

因而接受该特殊订单会使企业多获得收益110 000元。

（5）特殊订单的接受与否，并不能简单看财务因素，还需要考虑其他相关因素。比如：

①特殊订单可能在实现其原始销售预测方面有困难。

②低价产品可能会降低优质商品的声誉。

③接受特殊订单可能导致没有能力满足额外的需求。

④与普通产品相比，特殊订单产品的贡献边际相对较低。这表明管理者可能能够利用其过剩产能来生产具有更高边际贡献的产品。

⑤特殊订单可能能够避免企业裁员。

技能点26　半成品是否深加工决策

一、实训任务

正确进行半成品是否深加工的生产决策分析

二、实训材料

1.产品相关数据资料
2.计算工具

三、实训内容

（一）认知半成品深加工决策

1.半成品

半成品是指那些经过初步加工而形成的、已具有独立使用价值，但尚未最终完成全部加工过程的特殊产品。

2.半成品深加工决策

半成品是否深加工的决策是指企业对既可直接出售又可经过深加工变成产成品再出售的半成品所做的决策分析过程。

（二）认知半成品深加工决策分析方法

1.差量损益分析法的含义

差量损益分析法又称差别损益分析法或差额损益分析法，是指在计算两个备选方案之间的差量收入和差量成本的基础上计算出差量损益，再通过分析差量损益的性质来确定最优方案的方法。这里的差量损益是指差量收入减去差量成本后的余额。

$$差量损益 = 差量收入 - 差量成本$$

2.差量损益分析法的应用（见表4-13）

表4-13　　　　　　　　　　　差量损益计算表　　　　　　　　　　单位：元

项目	将半成品深加工为产成品	直接出售半成品	差异额
相关收入	产成品单价 × 相关销售量	半成品单价 × 相关销售量	差别收入
相关成本	以下各项合计	0	差别成本
加工成本	单位加工成本 × 相关加工量	0	—
机会成本	与可转移的剩余生产能力有关	0	—
专属成本	与特殊生产工艺要求有关	0	—
差别损益			$\triangle P$

结论：若差量损益大于零，应选择前一方案；若差量损益小于零，应选择后一方案；若差量损益等于零，两种方案均可选择。

四、实训注意事项

1.进行本项目实训之前要对变动成本法下的损益公式和相关成本的概念有一定的理解。

2.能够结合实际准确获取计算公式中的相关指标数据。

3.该实训项目的计算对于Excel的应用没有特别的要求，学生可根据具体情况加以使用。

五、实训案例

【技能训练4-7】苏润公司每年生产半成品甲10 000件，销售价格为每件120元，单位变动生产成本为80元，全年固定成本总额为400 000元。半成品甲也可以进一步加工为产品乙。如果把半成品甲加工为产品乙，则每件需追加变动成本40元，产品乙的销售单价为180元。

要求：在下列两种情况下，做出半成品甲是直接出售，还是进一步加工为产品乙的决策。

（1）企业只具备进一步加工10 000件半成品甲的能力，且该能力无其他用途。若进一步加工还需购置一台专用设备，购置成本为200 000元，预计寿命为4年，无残值，此设备也可用于加工其他产品。

（2）企业只具备进一步加工6 000件半成品甲的能力，且该生产能力也可用于对外承揽某零件的加工业务，预计一年可获得边际贡献160 000元。进一步加工不需要追加专属成本。

解析：

（1）苏润公司将半成品甲直接对外出售和深加工为产品乙后再出售作为两个方案，进行差量损益计算比较后，选择正确的方案。差量损益计算表见表4-14。

表4-14　　　　　　　　　　　　　　差量损益计算表　　　　　　　　　　　　单位：元

项目	进一步加工为产品乙	直接出售半成品甲	差异额
相关收入	180×10 000＝1 800 000	120×10 000＝1 200 000	600 000
相关成本			
变动成本	40×10 000＝400 000		400 000
专属成本	200 000÷4＝50 000		50 000
差量损益			150 000

通过计算，两个方案差量损益大于0，应该选择前一方案，即苏润公司应该选择进一步加工为产品乙。

（2）企业只具备进一步加工6 000件半成品甲的能力，且该生产能力也可用于对外承揽某零件的加工业务，预计一年可获得边际贡献160 000元，该边际贡献为深加工业务的机会成本。差量损益计算表见表4-15。

表4-15　　　　　　　　　　　　　　差量损益计算表　　　　　　　　　　　　单位：元

项目	进一步加工为产品乙	直接出售半成品甲	差异额
相关收入	180×6 000＝1 080 000	120×6 000＝720 000	360 000
相关成本			
变动成本	40×6 000＝240 000		240 000
机会成本	160 000		160 000
差量损益			−40 000

通过计算，两个方案差量损益小于0，说明进一步将6 000件半成品甲加工为产品乙，比直接出售6 000件半成品甲少获利润40 000元，因此，应该选择直接出售半成品甲方案。

技能点27 零部件自制或外购决策

一、实训任务

进行零部件自制或外购的生产决策分析

二、实训材料

1. 产品相关数据资料
2. 计算工具

三、实训内容

（一）认知零部件自制或外购决策

零部件自制或外购决策是指企业围绕既可自制又可外购的零部件的获取方式而进行的决策分析活动。

自制是指在企业内部生产所需的零部件或提供服务。外购是指企业选择由市场提供零部件或服务。

专业化程度越高，产品质量就越好，劳动生产率就越高，成本也就越低。因而外购的主要目的是充分利用社会化分工协作，以提高企业的盈利水平。如汽车制造公司大部分零部件主要依靠外购，仅自制少量零部件。随着经济的不断发展，企业经常会面对零部件是自制还是外购的选择。在这类决策中，由于所需零部件的数量对自制方案或外购方案是相同的，因而在同等质量并能保证及时供货的前提下，成本是最为重要的因素。

（二）认知零部件自制或外购决策分析方法

1. 认知相关成本分析法

相关成本分析法是指在短期经营决策中，当各备选方案的相关收入均为零时，通过比较各方案的相关成本指标，做出方案选择的一种方法。

该方法实质上是相关损益分析法在相关收入为零时的特殊形式，是以相关成本作为决定方案取舍的一种决策方法。

2. 认知成本无差别点分析法

（1）成本无差别点分析法的含义

成本无差别点分析法是指在各备选方案的相关收入为零或创造价值相同，相关业务量不确定的情况下，通过判断不同水平上的业务量与无差别点业务量之间的大小关系，来做出互斥方案决策的一种方法。

其中，成本无差别点实际是一个特定的业务量水平，它是指能使两方案的总成本相等时的业务量。在公司生产决策中，特别是在零部件是自制还是外购的决策中，如果有一个生产需要量恰好使公司自行加工生产的总成本等于直接从外部购入时总成本，那么这个生产需要量就是成本无差别点。成本无差别点业务量图如图4-1所示。

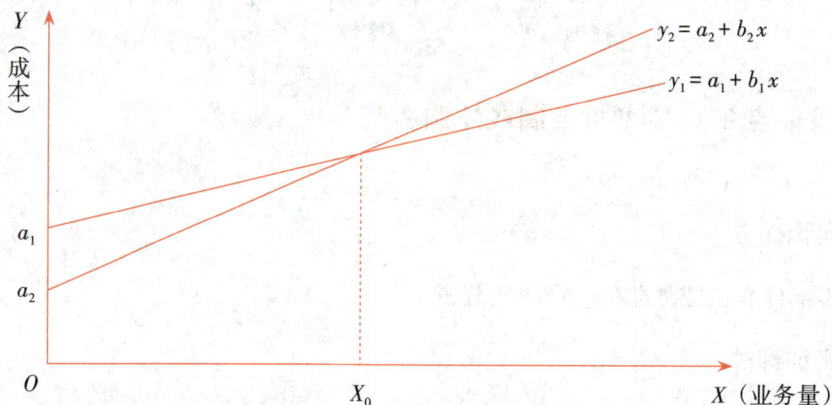

图4-1   成本无差别点业务量图

（2）成本无差别点分析法的使用条件

① 各个备选方案的相关收入为零，不管零部件是采取何种方式取得，其实际生产环节所创造的价值应该是相等的。

② 各个备选方案的业务量计量单位必须相同，均为只、件、吨等实物量单位。

③ 各个备选方案的总成本模型中单位变动成本和固定成本大小关系恰好相反，即第一个方案的固定成本大于第二个方案的固定成本，而同时第一个方案的单位变动成本小于第二个方案的单位变动成本；反过来，第一个方案的固定成本小于第二个方案的固定成本，而同时第一个方案的单位变动成本大于第二个方案的单位变动成本。

3.成本无差别点分析法的应用

成本无差别点分析法应用于业务量不确定的零部件取得方式决策。

如图4-1所示，在业务量不确定时，可通过计算确定成本无差别业务量 X_0。

（1）当业务量 $X > X_0$ 时，则固定成本较高的1方案更为优化；

（2）当业务量 $X < X_0$ 时，则固定成本较低的2方案更为优化；

（3）当业务量 $X = X_0$ 时，则两方案的成本相等，效益无差别。

四、实训注意事项

1. 进行本项目实训之前要对变动成本法下的损益公式和相关成本的概念有一定的理解；

2. 能够结合实际准确获取计算公式中的相关指标数据；

3. 该实训项目的计算对于 Excel 的应用没有特别的要求，学生可根据具体情况加以使用。

五、实训案例

【技能训练4-8】苏润公司每年需要汽车车内装修零部件 U 零件 25 000 个，如向市场购买，每个零件的进价为 35 元。该企业的辅助车间还有剩余生产能力可生产这种零件。预计每个零件的生产成本资料见表4-16。

表4-16　　　　　　　　　　　　　生产成本资料表

项目	金额（元）
直接材料	20
直接人工	8
变动制造费用	4
单位生产成本	32
固定制造费用	150 000

就U零件是自制还是外购，苏润公司召开了会议。

车间主任：我主张自制U零件。公司去年抛弃了生产电动汽车的项目，所以车间还剩下足够的生产能力来生产U零件。

生产经理：我们是有足够的生产能力来生产U零件，但是我们也可以对外加工S零件。据我所知，车间的生产能力是不能同时满足U零件和S零件生产的。

车间主任：是否需要对外加工S零件，还需要看外界市场反应，并不一定就要加工S零件。况且我们可以先生产S零件，剩余的闲置生产能力我们生产U零件，如果闲置能力不够完全生产U零件的话，我们再考虑剩下的问题。

要求：

（1）苏润公司车间具备生产25 000个U零件的能力，且剩余生产能力无其他用途，做出自制或外购的决策。

（2）苏润公司车间具备生产25 000件U零件的能力，但剩余生产能力也可用于对外加工S零件，预计S零件的边际贡献为10 000元，做出自制或外购的决策。

（3）苏润公司车间只具备生产20 000个U零件的能力，且剩余生产能力无其他用途。若想多生产U零件，则需要租入一台设备，年租金为45 000元。做出自制或外购的决策。

解析：

（1）苏润公司所需U零件既可以自制也可以外购，且全年需要量为确定数。可以选择相关成本分析法进行零部件自制或外购的决策。相关总成本计算表见表4-17。

表4-17　　　　　　　　　　　　　相关总成本计算表　　　　　　　　　　　　　单位：元

项目	自制		外购	
	单位成本	总成本	单位成本	总成本
直接材料	20	500 000		
直接人工	8	200 000		
变动制造费用	4	100 000		
相关总成本	32	800 000	35	875 000

通过计算两个方案的相关成本，苏润公司自制U零件的相关总成本为800 000元，外购U零件的相关总成本为875 000元。相关总成本最低的方案为最优方案，因此，由表可

见，苏润公司应采用自制方案，自制比外购节省75 000元的支出。

（2）苏润公司所需U零件既可以自制也可以外购，且全年需要量为确定数。可以选择相关成本分析法进行零部件自制或外购的决策。但是需要注意相关成本的变化。若安排自制U零件，就会放弃加工S零件，则应将放弃S零件的边际贡献100 000元作为自制方案负担的机会成本。差量损益分析表见表4-18。

表4-18　　　　　　　　　　　　　　　差量损益分析表　　　　　　　　　　　单位：元

项目	自制U零件	外购U零件	差量成本
相关成本：			
变动成本	800 000	875 000	−75 000
机会成本	100 000		100 000
相关成本合计	900 000	875 000	25 000

由表可见，U零件的自制成本将比外购成本多出25 000元。因此，苏润公司应采用外购方案，同时将剩余生产能力用于加工S零件，将节约25 000元支出。

（3）此种情况下，企业可选用的方法有三种：一是全部自制，二是全部外购，三是自制20 000个，其余外购。自制将增加一项专属固定成本。差量损益分析表见表4-19。

表4-19　　　　　　　　　　　　　　　差量损益分析表　　　　　　　　　　　单位：元

项目	全部自制	全部外购	自制20 000个，其余外购
相关成本：			
变动成本	800 000	875 000	$32 × 20\ 000 + 35 × 5\ 000 = 815\ 000$
专属成本	45 000		
相关成本合计	845 000	875 000	815 000

在此情况下，企业应自制20 000个U零件，其余5 000个外购，这时的成本最低。

【技能训练4-9】零部件自制或外购决策——零部件需用量不确定

苏润公司生产需要的乙部件可以从市场上采购，单价为20元/件；也可以安排自制，每年将发生相关的固定成本为30 000元，单位变动成本为14元/件。

要求：请做出苏润公司生产所需乙零件应该自制还是外购的决策。

解析：

苏润公司所需乙部件既可以自制也可以外购，但全年需要量不确定。可以选择成本无差别点分析法进行零部件自制或外购的决策。

建立两个方案的相关总成本模型：

自制方案的相关总成模型：$y = 30\ 000 + 14x$

外购方案的相关总成本模型：$y = 20x$

成本无差别点业务量 $= (30\ 000 - 0) ÷ (20 - 14) = 5\ 000$（件）

当乙部件的需用量小于5 000件时，苏润公司应选择外购乙部件；当乙部件的需用量大于5 000件时，苏润公司应选择自制乙部件；当乙部件的需用量等于5 000件时，苏润公司选择两种方案效果相同。

【明德善思】党的二十大报告中对经济工作方面的部署主要在"加快构建新发展格局，着力推动高质量发展"部分阐述，并在"实施科教兴国战略，强化现代化建设人才支撑""推动绿色发展，促进人与自然和谐共生"等部分提及。短期经营决策分析对企业的稳健经营和风险防范有着至关重要的意义。在当前市场环境下，风险和机遇并存，企业经营管理充满了各种不确定性。只有做好短期经营决策分析，才能更好地预测和规避各种风险，提高企业的经营稳健性，保证企业长期稳定和健康发展。只有多方面、多角度地对短期经营决策进行分析和研判，才能提高企业的抗风险能力，确保企业能够正确应对市场变化。

任务二　定价决策实训

技能点28　全部成本加成定价法

一、实训任务

运用全部成本加成定价法进行定价决策分析

二、实训材料

1. 产品相关数据资料
2. 计算工具

三、实训内容

（一）认知以成本为基础的定价决策

成本是企业生产产品所发生的各项生产费用之和，是构成产品价格的主要因素，也是产品的最低价格底线。以成本作为制定产品价格的依据，不仅能保证产品在生产过程中的耗费能够得以补偿，而且能保证企业获得必要的利润。一般对新产品的定价，多采用以成本为基础的定价决策方法。

（二）认知全部成本加成定价法

1. 全部成本加成定价法

全部成本加成定价法是一种传统而常用的定价方法，其核心在于以产品的成本决定产品的价格。企业主要的经济目标是从其投资（即其所使用的资产）中获取回报。为此，企业在进行定价决策时首先考虑的是产品的成本是多少，应该制定什么样的价格才能弥补产品的成本并获取满意的利润。也就是说企业在制定产品的价格时，其期望价格应当满足下述条件：

（1）弥补其产品成本；

（2）弥补其所有相关的间接成本（期间费用）的分摊份额；

（3）提供必要的利润。

2.推导计算公式

（1）产品销售价格＝成本基数×（1＋加成比率）

采用变动成本计价法，其成本基数是单位产品的变动成本，虽然全部固定成本未包括在内，但它是成本加成所应该考虑的内容之一。

（2）成本加成率＝$\dfrac{\text{利润}+\text{非生产成本}}{\text{产品生产成本}}=\dfrac{\text{毛利}}{\text{生产成本}}$

成本加成法中，加成比率通常取决于企业期望投资报酬率和成本基数，成本加成率就是成本毛利率。

（3）单位售价＝单位产品生产成本×（1＋成本毛利率）

就同一产品的成本加成率而言，一方面，在成本基数一定的情况下，加成比率随着企业期望投资报酬率的增高或降低而变大或变小；另一方面，在期望投资报酬率一定的情况下，加成比率随着成本基数中包含的成本项目的增多或减少而变小或变大。

四、实训注意事项

1.进行本项目实训之前首先要掌握完全成本法下成本的计算。

2.能够结合实际准确获取计算公式中的相关指标数据。

3.该实训项目的计算对于 Excel 的应用没有特别的要求，学生可根据具体情况加以使用。

五、实训案例

【技能训练4-10】苏润公司拟采用全部成本加成定价法制定 A 产品的销售单价，A 产品单位成本的构成见表4-20。该公司期望 A 产品成本毛利率为40%。

表4-20　　　　　　　　　　　　A产品成本分析表　　　　　　　　　　单位：元

项　目	金额
直接材料	40
直接人工	30
变动制造费用	10
固定制造费用	20
变动销售及管理费用	14
固定销售及管理费用	11
合计	125

要求：请为苏润公司的 A 产品进行定价。

解析：苏润公司拟采用完全成本法下的全部成本加成定价法制定A产品的销售单价，期望达到的成本毛利率为40%，即为全部成本加成定价法下的成本加成率，利用公式进行计算：

（1）A产品的单位生产成本 = 40 + 30 + 10 + 20 = 100（元）

（2）A产品的销售单价 = 100 × （1 + 40%）= 140（元）

苏润公司应该将A产品的销售单价定为140元。

技能点29　变动成本加成定价法

一、实训任务

运用变动成本加成定价法进行定价决策分析

二、实训材料

1. 产品相关数据资料
2. 计算工具

三、实训内容

（一）认知变动成本加成定价法

在变动成本法下，单位产品成本就是单位产品变动生产成本。为了简化计算，在变动成本法下的成本加成定价法中，可以采用单位变动成本代替单位产品变动生产成本，具体包括直接材料、直接人工、变动制造费用、变动销售及管理费用。成本加成率就是变动成本贡献率。

（二）推导计算公式

（1）产品销售价格 = 成本基数 × （1 + 加成比率）

成本基数是完全成本计价法下的完全成本。采用完全成本计价法，其成本基数为单位产品的制造成本，虽然期间费用等非制造成本未包括在内，但它是加成所应该考虑的内容之一。

（2）成本加成率 $= \dfrac{利润 + 非生产成本}{产品生产成本} = \dfrac{毛利}{生产成本}$

成本加成法中，加成比率通常取决于企业期望投资报酬率和成本基数，成本加成率就是成本毛利率。

（3）单位售价 = 单位产品生产成本 × （1 + 成本毛利率）

在变动成本法下，单位产品成本就是单位产品变动生产成本。为了简化计算，在变动成本加成定价法中，可以采用单位变动成本代替单位产品变动生产成本，具体包括直接材料、直接人工、变动制造费用、变动销售及管理费用。成本加成率就是变动成本贡献率。

四、实训注意事项

1. 进行本项目实训之前要掌握变动成本法下成本的计算。

2. 能够结合实际准确获取计算公式中的相关指标数据。

3. 该实训项目的计算对于 Excel 的应用没有特别的要求，学生可根据具体情况加以使用。

五、实训案例

【技能训练4-11】苏润公司拟采用变动成本加成定价法制定 A 产品的销售单价，A 产品单位成本的构成见表4-21。该公司期望 A 产品的变动成本贡献率为50%。

表4-21　　　　　　　　　　　　　A产品成本分析表　　　　　　　　　　单位：元

项　目	金额
直接材料	40
直接人工	30
变动制造费用	10
固定制造费用	20
变动销售及管理费用	14
固定销售及管理费用	11
合计	125

要求：请为苏润公司的 A 产品进行定价。

解析：苏润公司拟采用变动成本加成定价法制定 A 产品的销售单价，期望达到的变动成本贡献率为50%，即为变动成本定价法下的成本加成率，利用公式进行计算：

（1）A 产品的单位变动成本 = 40 + 30 + 10 + 14 = 94（元）

（2）A 产品的销售单价 = 94 ×（1 + 50%）= 141（元）

苏润公司应该将 A 产品的销售单价定为141元。

技能点30　利润最大化定价法

一、实训任务

运用利润最大化定价法进行定价决策分析

二、实训材料

1. 产品相关数据资料

2. 计算工具

三、实训内容

（一）认知利润最大化定价法

利润最大化定价法，是指在预测各种价格可能的销售量下，计算各备选方案的利润，选择利润最大的定价的方法。

（二）利润最大化定价法的应用

在定价决策中，企业可利用利润最大化定价法对成本、市场需求及竞争环境进行综合测算与分析，并确定能实现最大利润水平的价格区间。

值得注意的是，应用利润最大化定价法进行定价决策时，企业可能面临实际操作的挑战，比如准确的数据测算和动态调整价格。

四、实训注意事项

1. 进行本项目实训之前要理解利润最大化的内涵；
2. 能够结合实际准确获取计算公式中的相关指标数据；
3. 该实训项目的计算对于 Excel 的应用没有特别的要求，学生可根据具体情况加以使用。

五、实训案例

【技能训练4-12】苏润公司生产B产品准备投放市场，B产品单位变动成本为40元，该公司年最大生产能力为1.2万件，年固定成本为20万元，如果要把年最大生产能力扩大到1.8万件，年固定成本将增加到30万元。

要求：采用利润最大化定价法，为苏润公司的B产品进行定价。

解析：苏润公司拟采用利润最大化定价法确定A产品的销售单价，预测各种售价下可能的销量并选取利润最大化方案即可确定其价格。

B产品在各种价格下的预测销售量及利润见表4-22。

表4-22　　　　　　　　B产品预测销售量及利润计算表　　　　　　金额单位：元

销售价格	预测销售量（件）	销售收入	变动成本	固定成本	总成本	利润
120	8 000	960 000	320 000	200 000	520 000	440 000
110	9 600	1 056 000	384 000	200 000	584 000	472 000
100	12 000	1 200 000	480 000	200 000	680 000	520 000
90	14 000	1 260 000	560 000	300 000	860 000	400 000
80	16 000	1 280 000	640 000	300 000	940 000	340 000
70	17 000	1 190 000	680 000	300 000	980 000	210 000

由表4-22计算分析的结果可知，B产品的销售单价在100元时可获得最大利润，为520 000元，因此，B产品的销售单价应该定为100元。

技能点31　调价决策分析法

一、实训任务

运用调价决策分析法进行定价决策分析

二、实训材料

1. 产品相关数据资料
2. 计算工具

三、实训内容

（一）认知调价决策分析法

调价决策分析法也叫利润平衡点定价法或利润无差别点定价法，就是根据计算调价后利润是否增加来决定是否调价的定价方法。若调价后利润能够增加，就可以调价；反之，则不能调价。为了确定调价后利润是否能够增加，需要计算利润平衡点销售量。所谓利润平衡点销售量，就是指某种产品为确保原有的盈利能力，在调价后应至少达到的销售量。其实质就是保利销售量，只不过此时的目标利润为调价前利润。其计算公式为：

$$利润平衡点销售量 = \frac{固定成本 + 调价前可获利润}{拟调单价 - 单位变动成本}$$

（二）调节决策分析法的具体运用

1. 调价决策分析法的决策标准

（1）若调价后预计销售量大于利润平衡点销售量，意味着调价后利润能够增加，则可以调价。

（2）若调价后预计销售量小于利润平衡点销售量，意味着调价后利润会有所减少，则不能调价。

（3）若调价后预计销售量等于利润平衡点销售量，意味着调价前后利润相等，则价格可调可不调。

2. 注意事项

（1）在不增加专属成本的情况下，若调价后预计销售量超过企业现有最大生产能力，则调价后预计销售量只能按现有最大生产能力确定。

（2）在追加专属成本的情况下，利润平衡点销售量计算公式中的固定成本应采用包含专属成本在内的固定成本。

（3）若调价后预计销售量减少而剩余生产能力能够转移，则其可获得的贡献毛益应作为调价后利润的扣减数额。

四、实训注意事项

1. 进行本项目实训之前要掌握调价决策分析法的决策标准；

2. 能够结合实际准确获取计算公式中的相关指标数据；

3. 该实训项目的计算对于 Excel 的应用没有特别的要求，学生可根据具体情况加以使用。

五、实训案例

【技能训练 4-13】苏润公司生产 C 产品，现行售价为 100 元/件，可销售 1 万件，固定成本为 25 万元，单位变动成本为 60 元，可实现利润 15 万元。企业现有最大生产能力为 1.9 万件。

要求：利用调价决策分析法评价下列各不相关条件下的调价方案的可行性。

（1）若将售价调低为 85 元/件，预计销售量可达到 16 800 件。

（2）若将售价调低为 80 元/件，预计销售量可达到 20 000 件。

（3）若将售价调低为 80 元/件，预计最大销售量可达到 23 000 件，但企业必须追加 5 万元固定成本才能具备生产 23 000 件产品的能力。

（4）若将售价调高为 110 元/件，只能争取到 7 500 件的订单，且企业剩余生产能力无法转移。

（5）若将售价调高为 110 元/件，只能争取到 7 500 件的订单，但企业剩余生产能力能够转移，可获得 60 000 元贡献毛益。

解析：苏润公司拟采用调价决策分析法确定 A 产品的销售单价，计算各种条件下的利润平衡点销售量，利用调价决策分析法的原则进行分析决策即可。

（1）利润平衡点销售量 =（250 000 + 150 000）/（85 − 60）= 16 000（件）

调价后预计销售量可达到 16 800 件，在最大生产能力范围内，且大于利润平衡点销售量 16 000 件，所以应调价。

（2）利润平衡点销售量 =（250 000 + 150 000）/（80 − 60）= 20 000（件）

调价后预计销售量可达到 20 000 件，超过最大生产能力范围，则调价后预计销售量只能按现有最大生产能力 19 000 件计算，小于利润平衡点销售量 20 000 件，所以不应调价。

（3）利润平衡点销售量 =（250 000 + 150 000 + 50 000）/（80 − 60）= 22 500（件）

调价后预计销售量可达到 23 000 件，在追加专属成本后最大生产能力范围内，且大于利润平衡点销售量 22 500 件，所以应调价。

（4）利润平衡点销售量 =（250 000 + 150 000）/（110 − 60）= 8 000（件）

调价后预计销售量为 7 500 件，在最大生产能力范围内，但小于利润平衡点销售量 8 000 件，所以不应调价。

（5）利润平衡点销售量 =（250 000 + 150 000 − 60 000）/（110 − 60）= 6 800（件）

调价后预计销售量为 7 500 件，在最大生产能力范围内，且大于利润平衡点销售量 6 800 件，所以应调价。

【明德善思】商品定价策略是指企业根据自身的目标和策略，以及市场的状况和竞争，对其产品或服务进行定价的方法和原则。商品定价策略是营销策略的核心，直接影响消费者的购买决策和企业的市场竞争力。一个好的商品定价策略，可以帮助企业提高用户的满意度和忠诚度，增加市场份额和影响力，提高产品的附加值和品牌形象，增加收入和利润，实现企业的长期发展和可持续性增长。

然而，商品定价策略的制定并不是一件简单的事情。商品定价策略的制定需要考虑多种因素，如成本、市场需求和竞争等。这些因素都是动态变化的，难以准确把握和预测。如果企业对这些因素的分析和判断不准确，就可能导致商品定价策略的失效，甚至造成严重的后果，如用户的流失、市场的萎缩、产品的贬值、收入的减少、利润的下降等。

因此，商品定价策略的优化需要借助 AI 和大模型技术，利用数据和算法来帮助企业更准确地预测市场需求，更准确地分析成本和竞争因素，从而制定更合理的商品定价策略。AI 和大模型技术是指利用人工智能和大数据技术，通过构建复杂的数学模型，来模拟和解决复杂的问题的技术。AI 和大模型技术可以帮助企业从海量的数据中提取有价值的信息，发现隐藏的规律和趋势，预测未来的变化和结果，优化决策和行动，提高效率和效果，创造更多的价值和机会。

项目实训

1.某企业现有生产能力为 40 000 机器小时，尚有 20% 的剩余生产能力，为充分利用生产能力，准备开发新产品，有甲、乙、丙三种新产品可以选择，资料见表4-23。

表4-23　　　　　　　　　　　甲、乙、丙三种新产品资料　　　　　　　　金额单位：元

产品	甲	乙	丙
单价	100	60	30
单位变动成本	50	30	12
单位产品定额工时（小时）	40	20	10

要求：

（1）计算三种产品的单位工时边际贡献。

（2）确定应优先生产哪种产品。

（3）如果丙产品的年需求量为600件，乙产品的年需求量为500件，甲产品的年需求量为20件，充分利用生产能力，该如何安排生产？

解析：

（1）单位工时边际贡献：

甲 =（100 - 50）÷ 40 = 1.25

乙 =（60 - 30）÷ 20 = 1.5

丙 =（30 - 12）÷ 10 = 1.8

（2）由于1.8>1.5>1.25，所以应优先生产丙产品。

（3）剩余机器工时为40 000×20%＝8 000（小时），丙产品的年需要量为800件，则开发丙产品需要工时=600×10＝6 000（小时），剩余工时=8 000－6 000＝2 000（小时），应优先开发乙产品，可开发100件（2 000÷20）乙产品。

2.某企业现有设备的生产能力是50 000机器工时，现有生产能力的利用程度为80%，现准备用剩余生产能力开发新产品甲、乙、丙。甲、乙、丙的生产资料见表4-24。

表4-24　　　　　　　　　　　甲、乙、丙的生产资料　　　　　　　　　金额单位：元

项目	甲	乙	丙
单价	92	59	120
单位变动成本	36	30	60
单位产品定额工时（小时）	4	2	5

要求：

（1）根据以上资料做出开发哪种新产品的决策。

（2）如果乙产品的市场需要量为3 500件，为充分利用生产能力，该企业应如何决策？

（3）如果生产乙产品需要追加专属成本7 000元，则应该开发哪种新产品？

解析：

（1）单位资源贡献毛益：

甲产品：（92－36）÷4＝14

乙产品：（59－30）÷2＝14.5

丙产品：（120－60）÷5＝12

由于14.5>14>12，所以应开发乙产品。

（2）结合企业现有生产能力利用程度80%，目前剩余产能=50 000×（1－80%）＝10 000（工时）。

如果乙产品的市场需要量为3 500件，则开发乙产品需用工时=2×3500＝7 000工时，由此剩余3 000工时，应开发次优产品甲产品，开发750件（3 000÷4）。即开发甲产品750件，乙产品3 500件。

（3）如果生产乙产品需要追加专属成本，则专属成本分摊在开发新产品的剩余工时中，每工时应承担=7 000÷10 000＝0.7（元），由此单位资源剩余贡献毛益＝（59－30）÷2-0.7＝13.8（元/工时）。

此时，由于14>13.8>12，所以应开发甲产品。

3.某企业生产A、B、C三种产品，有关资料见表4-25。

要求：根据以上资料分析：

（1）亏损产品C是否应停产（假定全部固定成本均不可避免），如停产则利润为多少？

（2）如果停产C产品，多余的空间可用于扩大A产品的生产，预计能够增加A产品销售量800件（假设该800件可按原有价格全部出售），同时将发生可避免成本2万元，假定A产品的边际贡献保持不变，问该方案是否可行？

表4-25　　　　　　　　　　　　A、B、C三种产品的资料　　　　　　　　　　金额单位：元

项目	A	B	C	合计
销售量（件）	1 000	1 200	1 800	—
单位售价	900	700	500	—
单位变动成本	700	580	450	—
单位贡献毛益	200	120	50	—
贡献毛益总额	200 000	144 000	90 000	434 000
固定成本	125 000	125 000	150 000	400 000
利润	75 000	19 000	-60 000	34 000

解析：（1）C产品不应该停产，如果停产，则利润将为-56 000元（减少额为亏损产品C的边际贡献90 000元）。

（2）增产A产品预期增加的收益 = 800 × （900 - 700）- 20 000 = 140 000（元），足以填补停产C产品减少的收益，故该方案可行。

4.某企业组织多品种经营，其中有一种变动成本率为80%的产品本年度亏损了10 000元，其完全成本法下分摊的总成本为110 000元，假设下年度市场销售、成本水平不变。

要求：对以下不相干情况进行该亏损产品是否应该停产的决策，并说明理由。

（1）假设该亏损产品有关的生产能力无法转移。

（2）假设该亏损产品有关的生产能力可以用于出租，租金收入为25 000元。

解析：

（1）该产品利润 = 收入 - 总成本

- 10 000 = 收入 - 110 000

收入 = 100 000（元）

贡献毛益 = 收入 × （1-80%） = 100 000 × 20% = 20 000（元）

由于生产能力不能转移，该亏损产品的贡献毛益大于0，说明该产品可以为企业利润做贡献，所以不应停产。

（2）生产能力可以转移，获得租金收入25 000元，大于继续生产的贡献毛益20 000元，所以应该停产。

5.某厂生产A产品所需要的零件甲下一年需要量为18 000个，如外购，则外购单价为60元；如利用车间生产能力进行生产，每个零件的直接材料费30元，直接人工20元，变动制造费用8元，固定制造费用6元，合计64元。

要求：就以下各不相关情况做出零件甲自制还是外购的决策。

（1）企业现具备生产18 000个零件甲的能力，且剩余生产能力无其他用途。

（2）企业现具备生产18 000个零件甲的能力，但剩余生产能力也可用于对外加工零件乙，预计加工零件乙可产生边际贡献100 000元。

（3）企业目前只具备生产15 000个零件甲的能力，且无其他用途，若多生产零件甲，需要租入一台设备，年租金为25 000元，这时生产能力达到18 000个。

（4）条件同（3），但企业也可以采纳用剩余生产能力自制15 000个零件甲，其余全

部外购的方式。

解析：（1）相关损益分析表见表4-26。

表4-26 　　　　　　　　　　　　　　相关损益分析表 　　　　　　　　　　单位：元

项目	自制零件甲	外购零件甲
变动成本增加	1 044 000	1 080 000
相关总成本	1 044 000	1 080 000

应选择自制零件甲。

（2）相关损益分析表见表4-27。

表4-27 　　　　　　　　　　　　　　相关损益分析表 　　　　　　　　　　单位：元

项目	自制零件甲	外购零件甲
变动成本增加	1 044 000	1 080 000
放弃的边际贡献	100 000	—
相关总成本	1 144 000	1 080 000

应选择外购零件甲。

（3）相关损益分析表见表4-28。

表4-28 　　　　　　　　　　　　　　相关损益分析表 　　　　　　　　　　单位：元

项目	自制零件甲	外购零件甲
变动成本增加	1 044 000	1 080 000
专属成本	25 000	—
相关总成本	1 069 000	1 080 000

应该选择自制零件甲

（4）相关损益分析表见表4-29。

表4-29 　　　　　　　　　　　　　　相关损益分析表 　　　　　　　　　　单位：元

项目	自制零件甲	外购零件甲	自制15 000个，其余外购
变动成本增加	1 044 000	1 080 000	870 000 + 180 000 = 1 050 000
专属成本	25 000	—	
相关总成本	1 069 000	1 080 000	1 050 000

应该选择自制15 000个零件甲，其余外购。

6.某企业常年生产需用的 B 部件以前一直从市场上采购，已知采购量在5 000 件以下时，单价为8元/件；达到或超过5 000件时，单价为7元/件。如果追加投入12 000元专属成本，就可以自行制造该部件，预计单位变动成本为5元/件。

要求：用成本无差别点分析法为企业做出自制或外购 B 部件的决策，并说明理由。

解析：

自制成本：$Y_1 = 5x + 12\ 000$

外购成本：$Y_2 = 8x$　　$x<5\ 000$

　　　　　$Y_3 = 7x$　　$x>5\ 000$

令 $Y_1 = Y_2$，$Y_1 = Y_3$，得成本无差别点分别为 $x_1 = 4\ 000$，$x_2 = 6\ 000$

经分析得知：

当 $0<x<4\ 000$ 时，选择外购；当 $4\ 000<x<5\ 000$ 时，选择自制；当 $5\ 000<x<6\ 000$ 时，选择外购；当 $x>6\ 000$ 时，选择自制。

当 $x = 4\ 000$ 或 $6\ 000$ 时，自制外购均可。

7. 某企业所需用的某种零件的自制单位成本及外购单价资料如下：自制方式下，单位零件耗用直接材料 4 元，直接人工 2 元，变动制造费用 2 元，固定成本总额 1 600 元；外购方式下，600 件以内单价为 12 元，600 件以上单价为 10 元。

要求：确定在生产能力不能转移时该零件全年需用量在何种情况下采用外购方式？何种情况下用自制方式？

解析：

自制成本：$Y_1 = 1\ 600 + (4 + 2 + 2)x = 1\ 600 + 8x$

外购成本：$Y_2 = 12x$　　$x\leqslant 600$

　　　　　$Y_3 = 10x$　　$x>600$

令 $Y_1 = Y_2$，$Y_1 = Y_3$，得成本无差别点分别为：$x_1 = 400$，$x_2 = 800$

经分析得知：

当 $0<x<400$ 时，选择外购；当 $400<x<600$ 时，选择自制；当 $600<x<800$ 时，选择外购；当 $x>800$ 时，选择自制。

当 $x = 400$ 或 800 时，自制外购均可。

8. 某企业生产 C 产品 2 000 件，在完成第一道工序后即可销售，单价 30 元，单位变动成本 22 元，固定成本总额 40 000 元。如果继续加工再出售，单价为 38 元，单位变动成本为 29 元。

要求：（1）当剩余生产能力不能转移时，C 产品是否要进一步加工？

（2）假如半成品继续加工的话，需要增加专属成本 8 000 元，C 产品是否要进一步加工？

（3）如果剩余生产能力可以转移，可获得委托加工净收益 5 000 元，是否应该进一步加工？

解析：（1）C 产品资料见表 4-30。

表4-30　　　　　　　　　　　　C产品资料表　　　　　　　　　　　　单位：元

项目	直接出售	深加工后出售	差量
相关收入	30 × 2 000 = 60 000	38 × 2 000 = 76 000	-16 000
相关成本：变动生产成本	0	(29-22) × 2 000 = 14 000	-14 000
相关损益	60 000	62 000	-2 000

应该进一步加工，可多获得收益 2 000 元。

（2）C产品资料见表4-31。

表4-31　　　　　　　　　　　　　C产品资料表　　　　　　　　　　　　单位：元

项目	直接出售	深加工后出售	差量
相关收入	$30 \times 2\,000 = 60\,000$	$38 \times 2000 = 76\,000$	−16 000
相关成本：			
变动生产成本		$(29 − 22) \times 2\,000 = 14\,000$	−22 000
专属成本		8 000	
相关成本合计	0	22 000	
相关损益	60 000	54 000	6 000

C产品不应该进一步加工。

（3）C产品资料见表4-32。

表4-32　　　　　　　　　　　　　C产品资料表　　　　　　　　　　　　单位：元

项目	直接出售	深加工后出售	差量
相关收入	$30 \times 2\,000 = 60\,000$	$38 \times 2000 = 76\,000$	−16 000
相关成本：			
变动生产成本		$(29 − 22) \times 2\,000 = 14\,000$	−19 000
专属成本		5 000	
相关成本合计	0	19 000	
相关损益	60 000	57 000	3 000

C产品不应该进一步加工。

9.某企业常年组织生产A产品，每件单位变动成本为80元/件，市场售价为100元/件，A产品经过深加工可加工成市场售价为200元/件的B产品，每完成一件B产品另需要追加变动加工成本80元，同时每年需要追加专属固定成本40 000元，每件A产品可以加工成0.9件B产品，企业已具备将全部A产品深加工为B产品的能力，且该能力不能转移。

要求：做出企业是否将全部 A产品深加工为B产品的决策。

解析：设A产品数量为 x 件，则B产品为 $0.9x$。

若不深加工：相关收益 $= 100x$

若深加工：相关收益 $= 200 \times 0.9x − 80 \times 0.9x − 40\,000$

若深加工利润大于不深加工的利润，则深加工，即：

$200 \times 0.9x − 80 \times 0.9x − 40\,000 > 100x$

$x > 5\,000$，深加工

$x < 5\,000$，不深加工

$x = 5\,000$，深加工和不深加工均可。

10.某企业只生产一种产品，全年最大生产能力为1 200件。年初已按100元每件的价格接收正常订单1 000件，该产品的单位完全生产成本为80元（其中，单位固定制造费用为30元），现有一客户要求以70元每件的价格追加订货。

要求：考虑以下决策的可行性：

（1）剩余生产能力无法转移，追加订货量200件，不增加专属成本。

（2）剩余生产能力无法转移，追加订货量为200件，需追加专属成本1 000元。

（3）同（1），但剩余能力可以出租，租金5 000元。

（4）剩余能力无法转移，追加订货量300件，但需要追加1 000元专属成本。

解析：

（1）如果接受订单，则：

销售收入增加　　　　　14 000元
减：变动成本增加　　　10 000元
边际贡献增加　　　　　 4 000元
故应接受订单。

（2）如果接受订单，则：

销售收入增加　　　　　14 000元
减：变动成本增加　　　10 000元
　　专属成本　　　　　 1 000元
边际贡献增加　　　　　 3 000元
相关收益增加3 000元，故应接受订单。

（3）如果接受订单，则：

销售收入增加　　　　　14 000元
减：变动成本增加　　　10 000元
　　机会成本　　　　　 5 000元
相关收益增加　　　　　 −1 000元
故应拒绝订单。

（4）如果接受订单，则：

销售收入增加　　　　　21 000元
减：变动成本增加　　　10 000元
　　机会成本　　　　　10 000元
　　专属成本　　　　　 1 000元
相关收益增加　　　　　　　 0元
故接受订单或拒绝订单均可。

11.某企业只生产一种产品，全年最大生产能力为1 200件。目前已经接受正产订单1 000件，定价100元/件。该产品的单位完全生产成本为80元（其中单位变动成本为55元）。现有一个客户要求以70元/件的价格追加订货。

要求：根据以下不相关的情况，做出企业是否接受追加订货的决策，并说明理由。

（1）剩余生产能力无法转移，追加订货量200件，不追加专属成本。

（2）追加订货量200件，不追加专属成本；但剩余生产能力可以用于出租，获取租金收入3 000元。

（3）剩余生产能力无法转移，追加订货量300件，需要追加专属成本900元。

解析：（1）该产品资料见表4-33。

表4-33　　　　　　　　　　　　　产品相关数据表　　　　　　　　　　　　　单位：元

项目	接受	不接受	差量
相关收入	70×200=14 000		14 000
相关成本			
变动成本总额	55×200=11 000		
专属成本	0		
机会成本	0		
相关成本总额	11 000	0	11 000
相关损益	3 000	0	3 000

应该接受。

（2）该产品资料见表4-34。

表4-34　　　　　　　　　　　　　产品相关数据表　　　　　　　　　　　　　单位：元

项目	接受	不接受	差量
相关收入	70×200=14 000	0	14 000
相关成本			
变动成本总额	55×200=11 000		
专属成本	0		
机会成本	3 000		
相关成本总额	14 000	0	14 000
相关损益	0	0	0

接受或不接受订单均可。

（3）该产品资料见表4-35。

表4-35　　　　　　　　　　　　　产品相关数据表　　　　　　　　　　　　　单位：元

项目	接受	不接受	差量
相关收入	70×300=21 000	0	21 000
相关成本			
变动成本总额	55×300=16 500		
专属成本	900		
机会成本			
相关成本总额	17 400	0	17 400
相关损益	3 600	0	3 600

应该接受。

12.某企业拟生产A、B两种产品，生产能力为360工时，库存材料可供使数量为240千克，另外，A产品在市场上的销售无限制，B产品在市场上每月最多只能销售30件，A、B两种产品有关数据见表4-36。

表4-36　　　　　　　　　　　　　　A、B两种产品有关数据

产品	单位生产时间（工时）	单位材料消耗量（千克）	单位贡献毛益（元）
A产品	6	6	90
B产品	9	3	80

要求：（1）利用图解法分析该企业如何安排A、B两种产品的生产，才能获得最大贡献毛益？

（2）可实现的最大贡献毛益为多少？

解析：

（1）确定约束条件：

设该企业生产A产品x件，B产品y件。S表示两种产品的贡献毛益总额。

约束条件：$6x + 9y \leq 360$

　　　　　　　$6x + 3y \leq 240$　$y \leq 30$　x，$y \geq 0$

确定目标函数：

目标函数：$S = 90x + 80y$

绘制几何图形确定产品组合的可行性面积及目标函数：

目标函数S取得最大值的点为$6x + 9y = 360$和$6x + 3y = 240$的交点，为（30，20）

即生产A产品30件、B产品20件时，可实现最大贡献毛益。

（2）最大贡献毛益$= 90 \times 30 + 80 \times 20 = 4\ 300$（元）

13.华夏公司计划投资300万元生产甲产品，根据市场调查，甲产品预计每年销售50万件，此时预计总成本500万元，该企业要求该项投资的利润率为25%，销售税率为10%。

要求：进行有关指标的预测计算。

解析：

预测单位成本$= 500 \div 10 = 10$（元）

预测利润总额$= 300 \times 25\% = 75$（万元）

预测单位利润$= 75 \div 50 = 1.5$（元）

成本利润率$= 75 \div 500 \times 100\% = 15\%$

销售利润率$= 75 \div$　[（500 + 75）/（1 - 10%）]　$\times 100\% = 11.74\%$

产品单位价格预测如下：

（1）计划成本定价法：

（10 + 1.5）/（1 - 10%）$= 12.78$（元）

（2）成本利润率定价法：

$10 \times$（1 + 15%）/（1 - 10%）$= 12.78$（元）

（3）销售利润率定价法：

10/（1 - 10% - 11.74%）= 12.78（元）

14.华夏公司生产甲产品，固定成本40 000元，目标利润60 000元，单位变动成本5元，销售税率10%，预计销售50 000件。

要求：确定单位甲产品价格。

解析：

保本价格 =（40 000 + 50 000 × 5）/［50 000 ×（1-10%）］= 6.44（元/件）

保利价格 =（40 000 + 60 000 + 50 000× 5）/［50 000 ×（1 - 10%）］= 7.78（元/件）

从计算结果可知，甲产品的最低价格为每件6.44元，当每件价格为7.78元时，可以保证实现目标利润。

项目五

预算管理实训

职业技能要点与重难点

序号	工作任务	任务分解	技能操作	重难点
1	编制经营预算	(1) 销售预算的编制 (2) 生产预算的编制 (3) 产品成本预算的编制 (4) 期间费用预算的编制 (5) 利润预算的编制	(1) 能够熟悉销售预算的编制责任、内容、编制程序 (2) 能够正确编制发货数量预算表、销售收入预算表、应收账款预算表、销售成本预算表、销售毛利预算表 (3) 能够熟悉生产预算的编制责任、生产预算的内容、生产预算的编制程序 (4) 能够正确编制产品产量预算表、直接材料预算表、直接人工预算表、制造费用预算表 (5) 能够正确编制产品成本预算表 (6) 能够熟悉期间费用预算的编制责任、预算内容、编制程序 (7) 能够正确编制销售费用预算表、管理费用预算表 (8) 能够熟悉利润预算的内容、地位和编制依据	(1) 销售收入预算表、应收账款、销售成本预算表、销售毛利预算表的编制方法及数据间的钩稽关系 (2) 直接材料预算表的编制方法 (3) 直接人工预算表的编制方法 (4) 直接制造费用预算表、间接制造费用预算表的编制方法 (5) 产成品预算表的编制方法 (6) 销售费用预算表的编制方法 (7) 管理费用预算表的编制方法 (8) 利润预算表的编制方法
2	编制财务预算	(1) 现金预算的编制 (2) 财务状况预算的编制	(1) 能够熟悉现金预算的内容、作用和编制依据 (2) 能够正确编制现金收支预算表 (3) 能够熟悉财务状况预算的内容、编制依据和编制责任 (4) 能够正确编制资产负债表预算表	(1) 现金收支预算表的编制方法 (2) 资产负债表预算表的编制方法

任务一　编制经营预算

技能点 32　编制销售预算

一、实训任务

编制销售收入预算表

二、实训材料

销售收入预算基础资料表

三、实训内容

（一）认知销售预算

销售收入预算是按照"销售收入＝销售数量×销售单价"的基本公式，依据销售预测确定的产品销售量和销售价格编制的。

销售收入预算的编制流程：

1.收集预算基础资料

销售收入预算编制的主要依据是预算期内产品发货数量预算、销售合同、销售开票政策、产品价格走势、收款政策、客户付款政策，以及企业年度经营目标等信息资料。因此，销售部门要通过多种渠道搜集上述基础资料，并进行深度调研、分析和预测。

2.编排、测算销售收入额

在收集预算基础资料的基础上，以产品为预算对象，以客户为编排对象，逐一测算预算期内给客户的开票数量、结算价格、销售金额和具体时间，使之基本符合公司预定的销售收入目标。

3.编制销售收入预算

在编排、测算销售收入额的基础上，编制销售收入预算。为了满足企业管理销售业务、控制销售活动、分析产品市场和考核销售绩效等方面的需要，方便企业管理者从不同角度提炼出不同的信息，销售收入预算可以分别按产品品种、销售区域、结算方式、销售客户、责任部门等不同形式进行编制，从而形成多维数据模型。这些多维信息的提供，可以为企业评价产品市场，进行销售区域的合理布局，调整产品销售结构，为销售人员进行业绩评价等经营决策提供可靠的数据资料和客观依据。

（二）销售收入编制方法的选择

1.按产品品种编制销售收入预算的方法

为了反映销售结构和各种产品的销售情况，销售收入预算一般按照产品品种进行编制，这是销售收入预算编制的基本形式。在企业产销多种产品的情况下，销售收入预算应分别反映各种产品的预算销售额和销售结构，以发挥销售收入预算管理、控制、考核销售活动的作用。如果企业产品规格型号较多，也可以按产品类别编制销售收入预算。

2.按销售区域编制销售收入预算的方法

为了反映产品在不同区域的销售数量、销售价格和市场份额，以便有针对性地将不同产品投放到最适销的市场，实现企业产品销售的最佳组合，企业可以按产品的销售区域编制销售收入预算。

3.按结算方式编制销售收入预算的方法

为了反映产品在不同结算方式下的销售数量、销售价格和市场份额，企业还可以按产品的结算方式编制销售收入预算。这种形式的预算一般以产品品种为单位进行编制，然后加以汇总。

【明德善思】在当今竞争激烈的市场环境中，销售与企业的发展息息相关，是竞争的主要手段和有效途径，销售工作是企业运营的核心。销售可以宣传企业形象，帮助企业形成良好的口碑，引发消费者对于企业及其产品的兴趣；帮助企业扩大经营范围，吸引更多客户，扩大市场份额，提高企业的知名度；帮助企业全面了解用户的需求，及时调整销售形式和产品发展方向，帮助企业获取更多利润。

销售人员在产品销售过程中要严于律己，恪尽职守，不得虚假宣传，夸大产品性能、功效，有意提供不完整信息；不得隐瞒产品或服务缺陷信息；不得欺诈性促销，故意贬低竞争对手产品；不得行贿受贿，欺骗性承诺，强迫甚至胁迫销售，使用不公平的格式合同等。

在销售预算编制的过程中，要解读各项与产品相关的政策、条款、法律规章和各项惠民政策，树立法治意识、诚信意识、责任意识，培育客观公允、细心谨慎的职业习惯。

四、实训注意事项

注意数据之间的钩稽关系。

五、实训案例

【技能训练5-1】苏润公司要求销售部门按照公司2025年预算草案的要求，结合销售预测情况，编制2025年销售收入预算。已知公司产品销售的增值税税率为13%。为了简化预算编制，假定预算期内产品发货量与产品销货量相同。2025年产品销售品种、价格和增值税等销售收入预算基础资料见表5-1。

表5-1　　　　　　　　　　2025年销售收入预算基础资料表

预算部门：销售公司　　　　　　　　　　　　　　　　　　　　　编制时间：2024年10月12日

产品名称	不含税销售单价（元）	含税销售单价（元）	增值税税率（%）
A产品	500	565	13
B产品	1 000	1 130	13

要求：销售部门根据2025年预算编制草案中的经营目标，结合本部门掌握的各种资料，分步骤编制2025年销售收入预算。

解析：苏润公司2025年含税销售收入预算表见表5-2。

表5-2　　　　　　　　　苏润公司 2025年含税销售收入预算表

编制时间：2024年10月13日　　　　　　预算部门：销售公司　　　　　　　　金额单位：元

项目	第一季度	第二季度	第三季度	第四季度	全年
预计销售量（件）	40	45	50	45	180
含税销售单价（元）	56 500	56 500	56 500	56 500	56 500
预计含税销售金额	2 260 000	2 542 500	2 825 000	2 542 500	10 170 000
本年期初应收账款收现	50 000	—	—	—	50 000
第一季度销售收现	1 695 000	565 000	—	—	2 260 000
第二季度销售收现	—	1 906 875	635 625	—	2 542 500
第三季度销售收现	—	—	2 118 750	706 250	2 825 000
第四季度销售收现	—	—	—	1 906 875	1 906 875
经营现金收入合计	1 745 000	2 471 875	2 754 375	2 613 125	9 584 375
期末应收账款	635 625				

技能点33 编制生产预算

一、实训任务

编制生产预算表

二、实训材料

生产预算基础资料表

三、实训内容

（一）认知生产预算

生产预算是从事工业生产的预算执行单位在预算期内所要达到的生产规模及其品种结构的预算，主要是在销售预算的基础上，依据各种产品的生产能力、各项材料及人工的消耗定额及其物价水平和期末存货状况编制。

生产预算的执行部门是生产部门，因此，生产部门是编制生产预算的主体。由于企业的生产活动与销售、供应、人力资源等活动有着密不可分的关系，是企业生产经营活动的中心环节，因此，与生产活动相关的部门和人员都应参与到生产预算的编制中。

（二）生产预算编制的流程

1.收集预算基础资料

生产预算编制的主要依据是预算期的发货数量预算、销售数量预算和产品存货预算。由于企业产品生产除了受市场需求和产品库存影响外，还受生产能力、设备状况、生产工艺、人力资源状况、材料供应状况等因素的影响和制约，因此，凡是对预算期产品生产有影响的因素、信息、资料都要归集到位。

2.计算产品产量

在企业生产能力、设备状况、人力资源、材料供应等因素都能满足产品生产的情况下，预算期的产品产量一般可以按照如下基本公式计算：

产品产量 = 销售数量 + 期末产品库存量–期初产品库存量

式中的销售数量可以从销售收入预算中取得，期初、期末产品库存量可以从产品存货预算中取得。如果销售数量与发货数量不一致，则公式中的销售数量，应该换为发货数量。

另外，如果企业编制的产品存货预算已经明确列明预算期各种产品入库的数量，则可以直接根据产品存货预算中的各种产品入库数量，结合生产实际情况，安排预算期内各种产品的生产数量和生产时间。

3.编制生产预算

编制生产预算时，编制人员应逐一核实产品产量计算表中的产品名称、生产数量、生产时间等内容，并确保产品生产与产品销售、产品库存之间的相互衔接与平衡。

【明德善思】劳动是获取物质财富的基础。人们通过劳动，创造出了许多生产资料和消费品，为社会提供了丰富的物质财富。没有劳动，就没有物质财富，社会也无法维持正常的运转和发展。在现代社会中，劳动的产出直接关系到国家的经济发展和人民的生活水平。因此，劳动具有不可替代的物质意义。劳动不仅仅是为了获取物质财富，更是一种精神上的追求。通过劳动，人们可以实现自我价值和个性发展，获得自豪感和成就感，提高自信心和自尊心。劳动可以激发人们的创造力和创新精神，使人们不断进步和发展。习近平总书记在同中华全国总工会新一届领导班子成员集体谈话时指出："要大力弘扬劳模精神、劳动精神、工匠精神，发挥好劳模工匠示范引领作用，激励广大职工在辛勤劳动、诚实劳动、创造性劳动中成就梦想。"劳动是一切幸福的源泉。弘扬劳模精神、劳动精神、工匠精神，让劳动光荣、创造伟大成为时代强音，我们就能为扎实推进中国式现代化凝聚起团结奋进的强大力量。

劳动人民在生产劳动过程中需要严格遵守生产、工作纪律，根据生产、工作岗位职责及规则，保质保量完成工作任务，并且应做到节约原材料，爱护用人单位的劳动工具、固定资产和其他器具等。

四、实训注意事项

注意数据之间的钩稽关系。

五、实训案例

【技能训练5-2】从表5-1中获取计算产品产量预算所必需的预算期销售产品名称、销售数量等数据，从表5-3中获取期末库存量、期初库存量等数据。苏润公司制造部门据以编制2025年产品生产预算表如表5-4所示。

要求：编制生产预算。

解析：

（1）按照"产品产量＝销售数量＋期末产品库存量－期初产品库存量"的基本公式，计算预算期各种产品产量。其中，凡是期初、期末库存数量相同的产品，计算出来的预算期产品产量和销售数量相同。编制产品库存数量表见表5-3。

表5-3　　　　　　　　苏润公司2025年产品库存数量表　　　　　　　单位：件

项目	A成品
计划期初存量	22
预计一季度期末存量	29
预计二季度期末存量	30
预计三季度期末存量	32
预计四季度期末存量	32

（2）根据销售收入预算表、产品库存数量表，编制2025年产品产量预算表见表5-4。

表5-4　　　　　　　　　　苏润公司2025年产品产量预算表

预算部门：制造部　　　　　　　　编制时间：2024年10月14日　　　　　　　　单位：件

A产品产量预算表					
项目	一季度	二季度	三季度	四季度	合计
预计销售量	40	45	50	45	180
加：期末存货	29	30	32	32	32
减：期初存货	22	29	30	32	22
预计生产量	47	46	52	45	190

技能点34　编制直接材料预算

一、实训任务

编制直接材料预算表

二、实训材料

直接材料预算基础资料表

三、实训内容

（一）认知直接材料预算

直接材料预算是预算期内企业产品生产所消耗的各种直接材料种类、数量及其成本的预算，是耗用材料种类、数量和时间的总体安排，由生产部门负责编制，财务部门予以协助。直接材料的价值在企业产品生产过程中全部转移到产品制造成本中去，是企业产品制造成本的主要组成部分。编制直接材料预算，不仅可以保障预算期内产品生产的材料需要，而且通过严格的材料消耗定额控制，还能有效降低产品制造成本。

（二）直接材料预算的编制流程

1.收集预算基础资料

直接材料预算编制的主要依据是预算期的产品产量预算、材料定额和材料价格。编制范围既包括构成产品实体的各种原料、主要材料和外购半成品，也包括用于产品生产的包装材料、燃料和动力，以及有助于产品形成的辅助材料。因此，基础资料的归集范围要与编制范围保持一致。

2.计算并编制直接材料预算

编制直接材料预算主要涉及产品产量、材料消耗定额、材料预算价格三类数据资料。基本公式为：

$$产品生产对某材料的消耗总量 = \sum 产品产量 \times 材料消耗定额$$

$$产品生产对某材料的消耗总金额 = \sum 产品产量 \times 材料消耗定额 \times 材料预算价格$$

对于产品产量，可以直接从产品产量预算中取得，材料消耗定额是在一定的生产技术组织条件下，制造单位产品或完成单位劳务所必须消耗材料的数量标准，主要包括原材料、辅助材料、燃料与动力等材料消耗定额。制定合理的材料消耗定额，对于直接材料预算的编制成功有着决定性的作用。

材料消耗定额的制定原则是：在保证产品质量的前提下，根据企业生产部门的具体条件，结合产品结构和工艺要求，以理论计算和技术测定为主，以经验估计和统计分析为辅来制定合理的材料消耗定额。

材料预算价格是指企业编制直接材料预算、核算产品生产的材料成本所采用的价格，系不含税的材料价格。编制直接材料预算所用的材料预算价格一般采用企业内部计划价格。主要原因是：编制直接材料预算时，预算期的材料实际价格一般不可能确定下来，只能采用内部计划价格。而且，生产部门在实际核算产品制造成本时，也应采用内部计划价格核算材料消耗成本，以保持材料成本计算与直接材料预算口径的可比性。

四、实训注意事项

注意数据之间的钩稽关系。

五、实训案例

【技能训练5-3】根据责任分工，苏润公司2025年直接材料预算由各分厂负责编制，制造部和储运部给予配合。材料预算价格采用内部计划价格，已知生产每件A产品消耗原材料10千克，原材料计划采购价格为1 200元/千克，原材料期初期末库存数量见表5-5，每季度原材料采购款在当季支付70%，其余在下季度支付，2025年期初应付账款余额为150 000元。

表5-5　　　　　　　　　　　　原材料库存数量表　　　　　　　　　　　　单位：千克

项目	原材料
计划期初存量	120
预计一季度期末存量	100
预计二季度期末存量	90
预计三季度期末存量	110
预计四季度期末存量	105

要求：根据给定资料编制苏润公司直接材料预算表和应付账款预算表。

解析：根据2025年产品产量预算和原材料库存数量表中的资料，编制直接材料预算（见表5-6），根据原材料采购款的付款方式，编制应付账款预算表（见表5-7）。

表5-6　　　　　　　　　2025年各季度直接材料预算表

编制时间：2024年10月14日　　　　　预算部门：分厂　　　　　　　　金额单位：元

项目	一季度	二季度	三季度	四季度	合计
产品产量	47	46	52	45	190
产品消耗定额	10	10	10	10	10
原材料耗用量	470	460	520	450	1 900
加：期末存货	100	90	110	105	105
减：期初存货	120	100	90	110	120
预计采购量	450	450	540	445	1 885
计划单价	1 200	1 200	1 200	1 200	1 200
采购金额	540 000	540 000	648 000	534 000	2 262 000

表5-7　　　　　　　　　2025年各季度应付账款预算表

编制时间：2024年10月14日　　　　　预算部门：分厂　　　　　　　　金额单位：元

项目	一季度	二季度	三季度	四季度	合计
预计采购量	450	450	540	445	1 885
计划单价	1 200	1 200	1 200	1 200	1 200
采购金额	540 000	540 000	648 000	534 000	2 262 000
期初应付账款	150 000	—	—	—	150 000
第一季度现金支出	378 000				528 000
第二季度现金支出	162 000	378 000			540 000
第三季度现金支出	—	162 000	453 600		615 600
第四季度现金支出	—	—	194 400	373 800	568 200
期末应付账款	—	—	—		160 200
全年采购原材料现金支出	528 000 + 540 000 + 615 600 + 568 200 = 2 251 800				2 251 800

技能点35　编制直接人工预算

一、实训任务

编制直接人工预算表

二、实训材料

直接人工预算基础资料表

三、实训内容

（一）认知直接人工预算

直接人工预算是预算期内企业为完成生产任务所需的直接人工成本的预算，主要内容包括产品名称、产品产量、劳动定额、单位人工费和人工费总额等。直接人工由直接人工工资和其他人工成本构成，也就是企业给予一线生产员工的工资、奖金、津贴、补贴、福利等形式的报酬以及其他相关支出。由于一线生产员工直接从事产品生产，人工成本发生后可以直接归集到各种产品成本中去，因此，编制直接人工预算不仅可以为产品成本预算提供人工成本资料，还可以反映企业一线生产员工的人工成本总额和工资构成。

（二）直接人工预算的编制流程

直接人工预算编制的主要依据是预算期的产品产量、工资制度、劳动定额、人工成本构成等资料。具体编制方法与工资制度有关。我国企业执行的工资制度主要有计时工资制和计件工资制两种基本形式。

1. 编制直接人工预算基础资料表。首先，要获得预算期内各种产品的工时定额、小时工资率以及社会保险费、住房公积金、职工福利费、工会经费和职工教育经费的计提比例等资料。

2. 编制直接人工预算计算表。

3. 编制直接人工预算。

【明德善思】"预防为主"是实现安全生产的重要手段和方法。"隐患险于明火，防范胜于救灾"。坚持安全第一，就是对国家负责，对企业负责，对人的生命负责。在产品生产过程中，严格遵守安全方面的法律法规，增强自我保护意识，既是保护自己也是保护企业，不可以因为个人失误，伤害其他相关人员，甚至给国家造成不可估量的损失，危及社会稳定。平则虑险、安则虑危，防患未然、未雨绸缪，是分析形势、做好工作的一条重要方法论。早年针对福建防汛、防台风的繁重任务，习近平同志坚持"宁肯十防九空，不可用而无备"。安全是幸福、是效益，保安全才能谋发展。因为责重山岳，所以义不容辞。必须动起来、紧起来、严起来，既突出"当下改"，也注重"长久立"，牢牢守住发展决不能以牺牲人的生命为代价这条红线。在统筹发展和安全上求得最优解，人民安居乐业、社会安定有序、国家长治久安就有了坚实支撑。

四、实训注意事项

注意数据之间的钩稽关系。

五、实训案例

【技能训练5-4】苏润公司2025年一线生产人员实行集体计件工资制，按小时工资率和定额工资计算各产品负担的计件工资。计件工资的范围包括基本工资、奖金、津贴和补贴等；社会保险费、住房公积金、职工福利费、工会经费和职工教育经费以计件工资为基础，按工资规定的标准计提。直接人工预算基础资料见表5-8。

表5-8　　　　　　　　　　　直接人工预算基础资料表

编制时间：2024年10月14日　　　　　　　　　　　　　　　　　　　编制部门：分厂

项目	产品工时定额（小时/件）	小时工资率（元/小时）	社会保险费、住房公积金计提比例
A产品	400	45	7%

要求：根据资料编制直接人工预算表。

解析：根据直接人工预算基础资料和2025年产品产量预算表（表5-4），编制2025年直接人工预算计算表，见表5-9。

表5-9　　　　　　　　　苏润公司 2025年直接人工预算计算表

编制时间：2024年10月14日　　　　　预算部门：分厂　　　　　　　　金额单位：元

项目	产品产量（件）	工时定额（小时/件）	预算产量工时定额（小时）	小时工资率（元/小时）	直接人工工资	计提社会保险费、住房公积金	直接人工成本
A产品	190	400	76 000	45	3 420 000	239 400	3 659 400
合计					3 420 000	239 400	3 659 400

技能点36　编制制造费用预算

一、实训任务

编制制造费用预算表

二、实训材料

制造费用预算基础资料表

三、实训内容

（一）认知制造费用预算

制造费用预算是预算期内企业生产部门为组织和管理生产活动所发生的费用支出预算，主要包括生产单位名称、费用项目、费用金额以及费用分配情况等。制造费用是企业各生产单位为生产产品和提供劳务而发生的各项间接成本，包括企业各生产单位为组织和管理生产活动所发生的各项费用，如各生产单位的管理及技术人员工资、固定资产折旧费、机物料消耗、办公费、水电费、劳动保护费等。制造费用预算由生产部门负责编制。

（二）制造费用预算的编制流程

1.归集预算基础资料

制造费用预算编制的主要依据是预算期的产品产量预算、制造费用定额、基期费用情况、预算编制要求等。

2.计算制造费用金额

制造费用总额与产品产量之间缺乏直接的因果关系，在制造费用各项目中既有变动性费用，也有固定性费用，还有混合性费用。计算制造费用金额首先要将其分为固定性制造费用、变动性制造费用和混合性制造费用；然后针对不同的制造费用，采用不同的方法分析、计算，确定预算期内的各项制造费用。

3.编制制造费用预算

制造费用预算项目及金额确认之后，需要将制造费用预算项目分解为付现项目和非付现项目。制造费用中的付现项目主要有工资、差旅费、水电费等，非付现项目主要有固定资产折旧费、从仓库中领用的机物料消耗费、由公司统一安排现金支付的生产部门管理人员薪酬等。

【明德善思】加快形成绿色生产方式和生活方式，是党中央做出的重要战略部署。新时代以来，我国大力推进生态文明建设，解决了长期以来积累的一系列生态环境难题，但作为发展中大国，我国环境容量有限、生态系统脆弱，生态环境保护任务依然艰巨。必须完整准确全面贯彻新发展理念，以"双碳"工作为引领，同步推进高质量发展和高水平保护，加快形成节约资源和保护环境的产业结构、生产方式、生活方式、空间格局，走出一条生产发展、生活富裕、生态良好的文明发展道路。绿色生产方式主要体现在构建科技含量高、资源消耗低、环境污染少的绿色生产体系，涉及产业结构调整和优化升级、绿色供应链创新技术与应用。绿色生活方式倡导人们在日常生活中厉行节约、保护生态环境，涉及绿色消费、绿色出行、节水节电、垃圾分类等。促进经济社会发展全面绿色转型，是解决我国资源和生态环境问题的基础之策，也是实现高质量发展、可持续发展的重要支撑。

四、实训注意事项

注意制造费用预算表中各数据之间的钩稽关系。

五、实训案例

【技能训练5-5】苏润公司2025年制造费用预算由各生产分厂负责编制。编制制造费用预算要求将制造费用分为固定性制造费用和变动性制造费用，固定性制造费用按照零基预算法编制，变动性制造费用按费用定额和预算期产品产量挂钩编制。制造费用预算基础资料见表5-10。

表5-10　　　　　　　　　　2025年制造费用预算基础资料表

编制时间：2024年10月14日　　　　　　　预算部门：分厂　　　　　　　　　　单位：元

项目	单位产品变动性制造费用定额	备注
机物料消耗	100	润滑油、砂轮等材料
检修费	100	材料、半成品、产品检测、化验等费用
其他	20	其他零星变动性费用
合计	220	

要求：编制制造费用预算表

解析：（1）计算编制变动性制造费用预算。

根据2025年产品产量预算和2025年制造费用预算基础资料表，计算2025年各生产分厂的变动性制造费用预算金额。计算公式为：

$$变动性制造费用 = \sum 产品产量 \times 单位产品的变动性制造费用定额$$

首先，甲分厂编制A、B产品的变动性制造费用预算表，见表5-11。

表5-11　　　　　　　　　　2025年A、B产品变动性制造费用预算表

编制时间：2024年10月14日　　　　　　　预算部门：分厂　　　　　　　金额单位：元

产品名称	A产品					
	定额	全年	第一季度	第二季度	第三季度	第四季度
产品产量（件）	—	190	47	46	52	45
机物料消耗	1 000	190 000	47 000	46 000	52 000	45 000
检修费	100	19 000	4 700	4 600	5 200	4 500
其他	200	38 000	9 400	9 200	10 400	9 000
合计	1 300	247 000	61 100	59 800	67 600	58 500

（2）编制固定性制造费用预算。

确定生产分厂的管理及技术人员工资、固定资产折旧费、财产保险费、办公费、水电费等项目为固定性制造费用，按照零基预算法测算2025年各项固定性制造费用预算金额（见表5-12）。

表5-12　　　　　　　　　　2025年甲分厂固定性制造费用预算表

编制时间：2024年10月14日　　　　　　　预算部门：分厂　　　　　　　单位：元

产品名称	A产品				
费用项目	全年	第一季度	第二季度	第三季度	第四季度
管理人员薪酬	480 000	120 000	120 000	120 000	120 000
折旧费	96 000	24 000	24 000	24 000	24 000
财产保险费	80 000	20 000	20 000	20 000	20 000
办公费	14 000	3 500	3 500	3 500	3 500
水电费	33 000	8 250	8 250	8 250	8 250
其他	3 200	800	800	800	800
合计	706 200	176 550	176 550	176 550	176 550

（3）编制制造费用预算（见表5-13）。

表5-13　　　　　　　　　　**苏润公司A产品2025年制造费用预算表**

编制时间：2024年10月14日　　　　　　　预算部门：分厂　　　　　　　　　单位：元

性质	费用项目	A产品				
		全年	第一季度	第二季度	第三季度	第四季度
变动性费用	一、变动费用					
	机物料消耗	190 000	47 000	46 000	52 000	45 000
	检修费	19 000	4 700	4 600	5 200	4 500
	其他	38 000	9 400	9 200	10 400	9 000
	变动费用小计	247 000	61 100	59 800	67 600	58 500
固定性费用	二、固定费用					
	管理人员薪酬	480 000	120 000	120 000	120 000	120 000
	折旧费	96 000	24 000	24 000	24 000	24 000
	财产保险费	80 000	20 000	20 000	20 000	20 000
	办公费	14 000	3 500	3 500	3 500	3 500
	水电费	33 000	8 250	8 250	8 250	8 250
	其他	3 200	800	800	800	800
	固定费用小计	706 200	176 550	176 550	176 550	176 550
合计金额	制造费用合计	953 200	237 650	236 350	244 150	235 050
	非付现项目	96 000	24 000	24 000	24 000	24 000
	付现项目	857 200	213 650	212 350	220 150	211 050

技能点37　编制产品成本预算

一、实训任务

编制产品成本预算表

二、实训材料

产品成本预算基础资料表

三、实训内容

（一）认知产品成本预算

工业企业采用制造成本法核算产品成本。在制造成本法下，产品生产耗用的直接材料、直接人工和制造费用计入产品成本，管理费用、财务费用和销售费用则作为期间费用，计入当期损益。因此，采用制造成本法核算出来的产品成本也称为产品制造成本。

产品成本预算是对预算期内企业各种产品制造成本项目、内容构成及耗费的总体安排，是发生在各个生产部门范围内的人力物力、财力支出。所以，产品成本预算一般由生产部门负责编制，财务部门协助并汇总编制整个公司的产品成本预算。

（二）产品成本预算的编制流程

1.收集预算基础资料

产品成本预算编制的主要依据是预算期的产品产量预算、直接材料预算、直接人工预算和制造费用预算。将上述预算归集、审核无误是编制产品成本预算的基础。

2.计算并编制产品成本预算

按照"产品成本 = 直接材料成本 + 直接人工成本 + 制造费用"的基本公式，通过汇总直接材料预算、直接人工预算和制造费用预算中的有关数据、资料，就能编制出产品成本预算。

四、实训注意事项

注意数据之间的钩稽关系。

五、实训案例

【技能训练5-6】苏润公司各生产分厂在直接材料预算、直接人工预算和制造费用预算编制完成的基础上，汇总编制各种产品制造成本预算。如果企业不只生产一种产品，那么需要对制造费用进行分配，分配原则为：凡是可以直接分清费用归属的，一律直接在受益产品中列支；凡是分不清归属的，首先在制造费用账户中归集，然后按恰当比例分摊到各产品成本中去。

要求：根据资料编制产品成本预算表。

解析：根据表5-6、表5-9、表5-13编制A产品成本预算汇总表见表5-14。

表5-14　　　　　　　　　苏润公司2025年A产品成本预算汇总表

预算部门：分厂　　　　　　　　　　　编制时间：2024年10月24日

成本项目	计量单位	单位成本			总成本	
		单位消耗定额	单价	金额	产量	金额
A产品	件					
1.直接材料	元	10	1 200	12 000		2 280 000
2.直接人工	元	400	45	18 000	190	3 420 000
3.制造费用	元	—	—	5 016.84		953 200
合计				35 016.84		6 653 200

技能点38 编制期间费用预算

一、实训任务

编制期间费用预算表

二、实训材料

期间费用预算基础资料表

三、实训内容

（一）认知期间费用预算

期间费用预算是预算期内企业组织管理生产经营活动而发生的管理费用、财务费用和销售费用的预算。期间费用是企业日常经营活动中发生的经济利益流出，包括销售产品、提供劳务活动而发生的销售费用，组织和管理生产经营活动而发生的管理费用，以及筹集生产经营活动所需资金而发生的财务费用。期间费用的发生与企业当期经营活动管理和产品销售直接相关，与产品制造过程无直接关系。因此，期间费用不能列入产品制造成本，而是在发生当期从损益中直接扣除。

（二）期间费用的编制部门

按照企业会计准则，企业生产部门发生的固定资产维修费用也在期间费用中核算。因此，期间费用预算的执行者不仅包括企业行政管理部门和营销部门，还包括生产部门。所以，企业包括生产部门在内的所有职能部门都是期间费用预算的主体。其中，销售部门负责编制销售费用预算；财务部门负责编制财务费用预算；除销售部门之外的其他管理部门都要编制本部门的管理费用预算。

（三）期间费用预算的编制流程

销售费用、管理费用和财务费用自成体系，分别从属、服务于不同的经济活动，有着不同的编制依据，由不同的职能部门负责编制。一般情况下，销售费用在销售收入预算、应收账款预算编制完成后进行编制；管理费用预算在预算编制大纲发布之后即可编制；财务费用预算要和财务预算同步编制。

1.编制销售费用预算

销售部门以预算编制大纲、销售收入预算、销售政策、产品供求关系、销售费用率和基期费用情况等资料和管理要求为基本依据，测算、安排预算期内企业销售活动发生的各项费用。

（1）收集预算基础资料。

销售费用预算编制的主要依据是预算期的销售收入预算、销售政策、销售内容、费用开支标准、销售费用率、基期销售费用水平等。编制销售费用预算必须将上述基础资料归集整理。

（2）测算销售费用数额。

销售费用与销售收入、销售利润之间具有内在的联系，编制人员要通过分析销售收入、销售费用和销售利润的本量利关系，力求实现销售费用投入产出的最佳效果。一般有三种具体方法测算销售费用：

① 销售百分比法：用基期销售费用与基期销售收入的百分比结合预算期的销售收入预算来测算销售费用的方法。

② 零基预算法：在测算销售费用时，不以基期销售费用预算和实际开支水平为基础，而是以零为起点逐一分析各项销售费用发生的必要性及其支出规模，并据以测算预算期销售费用的方法。

③ 弹性预算法：在测算销售费用时，考虑到预算期间销售业务量可能发生的变动，编制出一套能适应多种业务量的销售费用预算，以便分别反映在不同销售业务量情况下所应开支的销售费用水平。

（3）编制销售费用预算。

在测算预算期销售费用的基础上，编制销售费用预算，并根据预算项目的性质将销售费用划分为付现项目和非付现项目，为编制现金预算提供依据。

2.编制管理费用预算

各职能部门以预算编制大纲、经营目标、职责范围、管理费用率和基期费用情况等资料和管理要求为基本依据，测算、安排预算期内各职能部门本身发生的或按职责归口发生的各项费用。各职能部门编制完成后，由综合管理部门或财务部门汇总编制整个企业的管理费用预算。

管理费用是企业为组织和管理企业生产经营活动，维持基本组织机构和经营能力而发生的各项费用。具体包括：①管理人员薪酬；②企业人才行政管理方面的费用（公司经费和业务招待费）；③用于企业间接管理的费用（董事会费、咨询费、中介机构费、诉讼费和应交税费）；④提供生产技术条件的费用（绿化费、技术转让费、技术开发费、研发支出、无形资产摊销）；⑤固定资产运行维护的费用（固定资产折旧费、财产保险费、固定资产维修费）；⑥其他费用。

（1）收集预算基础资料。

管理费用预算编制的基础资料包括基期费用情况、预算期费用增减变动因素、预算编制要求等信息。

（2）测算各项费用指标。

按费用可调性，将费用分为约束性费用和酌量性费用。约束性费用是指是否发生、发生多少不受管理人员决策控制的费用项目；酌量性费用是指费用是否发生，发生多少可以由管理人员决策决定的费用项目。

（3）编制管理费用预算。

由财务部门、预算管理部门或综合管理部门负责汇总编制整个公司预算年度管理费用预算。为了将管理费用各个项目落到实处，有效运用预算手段控制管理费用支出，应将管理费用表设计成分部门、分项目列示的表格。

3.编制销售费用预算

财务费用预算编制的基础资料包括基期费用情况、预算期费用增减变动因素、预算编制要求等。

（1）收集预算基础资料。

（2）测算财务费用指标。将财务费用预算编制的基础资料收集齐全，确保其准确无误后，按照各自的计算公式就可以将财务费用测算出来。

（3）编制财务费用预算。根据财务费用测算结果，按照费用项目、费用金额、发生时间的结构，汇总编制财务费用预算。

四、实训注意事项

注意销售费用、管理费用和财务费用的编制并无直接关系。

【明德善思】艰苦奋斗、勤俭节约是中华民族的优良传统，也是党的传家宝。新时代新征程，面对新形势新任务，要大力弘扬艰苦奋斗、勤俭节约精神，使之付诸实践、见于行动，在全社会蔚然成风。党的十八大以来，习近平总书记多次就厉行节约、反对浪费做出重要指示，强调要制止餐饮浪费行为，要求"倡导简约适度、绿色低碳的生活方式"。全社会积极响应，把厉行节约、反对浪费落实到行动上。《中共中央办公厅关于巩固拓展学习贯彻习近平新时代中国特色社会主义思想主题教育成果的意见》提出："督促广大党员、干部发扬艰苦奋斗、勤俭节约的优良作风，自觉养成过紧日子的习惯。"新征程上，全国各族人民要坚持以习近平新时代中国特色社会主义思想为指导，以中国式现代化全面推进强国建设、民族复兴伟业。企业在生产经营过程中，同样要大力弘扬艰苦奋斗、勤俭节约的精神，尽可能降低成本，确保预算管理目标的实现。

五、实训案例

【技能训练5-7】根据下列资料编制苏润公司2025年期间费用预算。

苏润公司全年预计发生固定管理费用124 000元，固定销售费用150 000元，变动期间费用取决于产品销售量，变动销售费用1 090元/件，变动管理费用550元/件。苏润公司计划于2025年1月1日借入一笔一年期的短期借款30万元，用于生产经营，借款年利率4%，每季度末支付利息，到期一次偿还本金，另外还需要每季度支付120元银行手续费，除此以外没有其他长短期借款，也没有定期银行存款，活期银行利息忽略不计。

要求：编制苏润公司2025年期间费用预算表。

解析：苏润公司2025年期间费用预算表见表5-15至表5-17。

表5-15　　　　　　　　　　　苏润公司2025年销售费用预算表

编制时间：2024年10月14日　　　　　　预算部门：分厂　　　　　　　　金额单位：元

项目	A产品
预计销售量（件）	190
单位变动销售费用	1 090
预计变动销售费用总额	207 100
预计固定销售费用	150 000
合计	357 100

表5-16   **苏润公司2025年管理费用预算表**

编制时间：2024年10月14日   预算部门：分厂   金额单位：元

项目	A产品
预计销售量（件）	190
单位变动管理费用	550
预计变动管理费用总额	104 500
预计固定管理费用	124 000
合计	228 500

表5-17   **苏润公司2025年财务费用预算表**

编制时间：2024年10月14日   预算部门：分厂   单位：元

项目	合计	第一季度	第二季度	第三季度	第四季度
借款利息支出	12 000	3 000	3 000	3 000	3 000
手续费	480	120	120	120	120
合计	12 480	3 120	3 120	3 120	3 120

任务二   编制财务预算

技能点39   编制现金预算

一、实训任务

编制现金预算表

二、实训材料

现金预算基础资料表

三、实训内容

（一）认知现金预算

现金预算是预算期内企业现金收支及筹措活动的预算，是对预算期内企业现金收入、现金支出及现金余缺筹措等现金收付活动的具体安排。这里所说的现金是指企业的库存现金和银行存款等货币资金。现金预算是企业按照收付实现制原则编制的，它综合反映了企业在预算期内的现金流转情况及结果。

（二）编制现金预算

根据已知数据分析并编制现金预算。

四、实训注意事项

现金预算要以前期预算编制资料为基础。

五、实训案例

【技能训练5-8】假设苏润公司2025年经营预算、投资预算、营业外收支预算和利润分配预算等涉及现金收支的预算已经全部编制完成。由财务部负责编制苏润公司2025年现金收支预算，已知预计购置设备支出530 000元，预计支付股利98 000元，预计增值税等税费448 000元，根据前期预算数据，计算得知2025年预计所得税费用为835 222.1元。

要求：通过编制各项预算期现金收支汇总表，汇总、核实各项预算中的现金收支金额，结合2025年需要偿还的融资债务及期初、期末现金余额，计算出预算期的现金余缺。

解析：苏润公司2025年现金收支预算表见表5-18。

表5-18　　　　　　　　　苏润公司2025年现金收支预算表

编制时间：2024年11月4日　　　　　　　预算部门：财务部　　　　　　　　单位：元

项　目	现金收支金额	来源
期初现金余额	12 000	已知
加：预算期现金收入	9 584 375	表5-2
现金收入合计	9 596 375	
减：预算期现金支出		
直接材料	2 251 800	表5-7
直接人工	3 659 400	表5-9
制造费用	857 200	表5-13
销售费用	357 100	表5-15
管理费用	228 500	表5-16
财务费用	12 480	表5-17
预计增值税等税费	448 000	已知
预计所得税费用	835 222.1	已知
预计购置设备支出	530 000	已知
预计支付股利	98 000	已知
偿还借款	300 000	已知
现金支出合计	9 577 702.1	
期末现金余额	18 672.9	

技能点40　编制预计利润表

一、实训任务

编制预计利润表

二、实训材料

预计利润表基础资料表

三、实训内容

（一）认知预计利润表

预计利润表是按照利润表的内容和格式编制的，将预算期内各项收入、费用以及构成利润的各个项目根据"收入-费用＝利润"的基本等式，依照一定的分类标准和顺序排列而成。其中，收入项目主要包括营业收入、公允价值变动净收益和营业外收入；费用项目主要包括营业成本、税金及附加、销售费用、管理费用、财务费用、资产减值损失、营业外支出、所得税费用等；利润项目主要包括营业利润、利润总额和净利润等。

（二）编制预计利润表

根据计算公式编制预计利润表。

四、实训注意事项

利润表预算中的大部分预算指标都是经营预算、投资预算中有关指标的汇总和加减计算。汇总和加减计算的结果得出后，要与公司经营目标及预算编制要求中拟定的有关预算目标相对接。

五、实训案例

【技能训练5-9】沿用前述案例。

要求：编制苏润公司预计利润表。

解析：苏润公司2025年预计利润表见表5-19。

表5-19　　　　　　　　　　　苏润公司2025年预计利润表

编制时间：2024年11月4日　　　　　　　　预算部门：财务部　　　　　　　　单位：元

项目	2025年预算	来源
营业收入	10 170 000	表5-2
减：营业成本	6 303 031.58	表5-2，表5-14
税金及附加	48 000	已知
销售费用	357 100	表5-15

续表

项目	2025年预算	来源
管理费用	228 500	表5-16
财务费用	12 480	表5-17
资产减值损失	0	
加：公允价值变动损益	0	
投资收益	110 000	已知
营业利润	3 330 888.42	
加：营业外收入	30 000	已知
减：营业外支出	20 000	已知
利润总额	3 340 888.42	
减：所得税费用	835 222.10	
净利润	2 505 666.32	

技能点41　编制预计资产负债表

一、实训任务

编制预计资产负债表

二、实训材料

预计资产负债表基础资料表

三、实训内容

（一）认知预计资产负债表

预计资产负债表是按照资产负债表的内容和格式编制的，综合反映了企业预算期初、期末各种资产、负债及所有者权益状况的变动情况。通过编制预计资产负债表，可以了解企业所拥有或控制的经济资源和承担的责任、义务，了解企业资产、负债、所有者权益各项目的构成比例是否合理，财务状况是否稳定，并以此分析企业的生产经营能力、营运能力和偿债能力。

（二）编制预计资产负债表

根据计算公式及各项目之间的数量关系编制资产负债表。

四、实训注意事项

预计资产负债表是在预算期初资产负债表的基础上，根据"资产 = 负债 + 所有者权益"这一会计恒等式所反映的三个会计要素之间的相互关系，依据企业编制的经营预算、投资预算、利润预算、现金预算和所有者权益预算等资料测算分析编制的。预计资产负债表具有控制和驾驭企业各项预算的重要作用。

五、实训案例

【技能训练5-10】沿用前述案例。

要求：编制苏润公司2025年预计资产负债表。

解析：苏润公司2025年预计资产负债表见表5-20。

表5-20　　　　　　　　　　　　苏润公司2025年预计资产负债表

预算部门：财务部　　　　　　　　编制时间：2024年11月4日　　　　　　　　单位：元

项　目	期初余额	期末余额
流动资产：		
货币资金	112 000	98 673
应收账款	500 000	635 625
其他应收款	25 000	25 000
存货	914 370.48	1 246 538.78
流动资产合计	1 551 370.48	2 005 836.78
非流动资产：		
长期股权投资	0	0
固定资产	2 000 000	3 069 229.52
在建工程	3 289 229.52	3 200 000
固定资产清理	0	12 080
非流动资产合计	5 289 229.52	6 281 309.52
资产总计	6 840 600	8 287 146.30
流动负债：		
短期借款	0	0
应付账款	150 000	160 200
应付职工薪酬	190 600	274 259.02
应交税费	250 000	366 850
流动负债合计	590 600	801 309.02

续表

项　目	期初余额	期末余额
非流动负债:		
长期借款	0	0
非流动负债合计	0	0
负债合计	590 600	801 309.02
所有者权益:		
实收资本（或股本）	5 000 000	6 000 000
资本公积	100 000	100 000
盈余公积	150 000	232 288
未分配利润	1 000 000	1 153 549.28
所有者权益合计	6 250 000	7 485 837.28
负债和所有者权益总计	6 840 600	8 287 146.30

项目实训

1.胜明公司计划本年只生产一种产品，有关资料如下:

（1）每季的产品销售货款有60%于当季收到现金，有40%于下个季度收到现金，预计第一季度末的应收账款为3 800万元，第二季度的销售收入为8 000万元，第三季度的销售收入为12 000万元。产品售价为1 000元/件。

（2）每一季度末的库存产品数量等于下一季度销售量的20%。单位产品材料消耗定额为5千克，第二季度末的材料结存量为8 400千克，第二季度初的材料结存量为6 400千克，材料计划单价为10元。

（3）材料采购货款在采购的季度支付80%，剩余的20%在下季度支付，未支付的采购货款通过"应付账款"核算，第一季度末的应付账款为100万元。

要求:

（1）确定第一季度的销售收入;

（2）确定第二季度的销售现金收入合计;

（3）确定第二季度的预计生产量;

（4）确定第二季度的预计材料采购量;

（5）确定第二季度采购的现金支出合计。

解析:

根据题意可知，第一季度末的应付账款100万元，全部在第二季度支付。

（1）第一季度末的应收账款等于第一季度货款的40%。

第一季度的销售收入 = 3 800 ÷ 40% = 9 500（万元）

（2）第二季度的销售现金收入合计 = 3 800 + 8 000 × 60% = 8 600（万元）

（3）第二季度的预计销售量 = 8 000 ÷ 1 000 = 8（万件）

第三季度的预计销售量 = 12 000 ÷ 1 000 = 12（万件）

第一季度末的库存产品数量 = 8 × 20% = 1.6（万件）

第二季度末的库存产品数量 = 12 × 20% = 2.4（万件）

第二季度的预计生产量 = 第二季度的预计销售量 + 第二季度末的库存产品数量 −
    第一季度末的库存产品数量
    = 8 + 2.4 − 1.6 = 8.8（万件）

（4）第二季度的预计材料耗用量 = 8.8 × 10 000 × 5 = 440 000（千克）

第二季度的预计材料采购量 = 第二季度的预计材料耗用量 + 第二季度末的材料存量 −
    第二季度初的材料存量
    = 440 000 + 8 400 − 6 400 = 442 000（千克）

（5）第二季度采购的现金支出合计 = 100 + 442 000 × 10 × 80% ÷ 10 000 = 453.6（万元）

2. 胜明公司编制销售预算的相关资料如下：

胜明公司预计每季度销售收入中，有 70% 在本季度收到现金，30% 于下一季度收到现金，不存在坏账。2024 年末应收账款余额为 6 000 万元。假设不考虑增值税及其影响胜明公司 2025 年的销售预算见表 5−21。

表5−21   胜明公司2025年销售预算   金额单位：万元

项目	第一季度	第二季度	第三季度	第四季度	全年
预计销售量（万件）	500	600	650	700	2 450
预计单价（元）	30	30	30	30	30
预计销售收入	15 000	18 000	19 500	21 000	73 500
预计现金收入					
上年应收账款	*				*
第一季度	*	*			*
第二季度		B	*		*
第三季度			*	D	*
第四季度				*	*
预计现金收入合计	A	17 100	C	20 550	*

要求：

（1）确定表格中字母所代表的数值（不需要列示计算过程）。

（2）计算 2025 年末预计应收账款余额。

解析：

（1）A = 15 000 × 70% + 6 000 = 16 500（万元）

B = 18 000 × 70% = 12 600（万元）

C = 19 500 × 70% + 18 000 × 30% = 19 050（万元）

D = 19 500 × 30% = 5 850（万元）

（2）2025年末预计应收账款余额 = 21 000 × 30% = 6 300（万元）

3.胜明公司2025年1—3月实际销售额分别为38 000万元、36 000万元和41 000万元，预计4月份销售额为40 000万元。每月销售收入中有70%能于当月收现，20%于次月收现，10%于第三个月收讫，不存在坏账。假定该公司销售的产品在流通环节只需要缴纳消费税，税率为10%，并于当月以现金缴纳。该公司3月末现金余额为80万元，应付账款余额为5 000万元（需在4月份付清），不存在其他应收应付款项。

4月份有关费用项目预计资料如下：采购材料8 000万元（当月付款70%）；工资及其他支出8 400万元（用现金支付）；制造费用8 000万元（其中折旧费等非付现费用4 000万元）；销售费用和管理费用1 000万元（用现金支付）；所得税费用1 900万元；购买设备12 000万元（用现金支付）。现金不足时，通过向银行借款解决。4月末现金余额要求不低于100万元。

要求：根据上述资料，计算该公司4月份的下列预算指标：

（1）经营性现金流入；

（2）经营性现金流出；

（3）现金余缺；

（4）应向银行借款的最低金额；

（5）4月末应收账款余额。

解析：

（1）经营性现金流入 = 36 000 × 10% + 41 000 × 20% + 40 000 × 70% = 39 800（万元）

（2）经营性现金流出 =（8 000 × 70% + 5 000）+ 8 400 +（8 000 - 4 000）+ 1 000 + 1 900 + 40 000 × 10% = 29 900（万元）

（3）现金余缺 = 80 + 39 800 - 29 900 - 12 000 = -2 020（万元）

（4）应向银行借款的最低金额 = 2 020 + 100 = 2 120（万元）

（5）4月末应收账款余额 = 41 000 × 10% + 40 000 × 30% = 16 100（万元）

4.胜明公司计划年度产销甲产品，有关材料如下：

（1）公司本年末简明资产负债表见表5-22。

表5-22　　　　　　　　　　　　　　　　　　　简明资产负债表　　　　　　　　　　　　　　　　　　　单位：元

项目	金额	项目	金额
库存现金	10 274	短期借款	50 000
应收账款	150 000	应付账款	80 000
原材料	95 600	应付票据	1 254
产成品	120 900	应交税费	26 900
固定资产	500 000	实收资本	528 000
累计折旧	-150 000	未分配利润	40 620
资产合计	726 774	负债及所有者权益合计	726 774

（2）计划年度销售及结存情况见表5-23。

表5-23　　　　　　　　　　　　计划年度销售及结存情况

项目	甲产成品	A材料（千克）	B材料（千克）
计划期初存量	930	9 000	4 520
预计一季度销售量	3 000		
预计二季度销售量	3 500		
预计三季度销售量	3 600		
预计四季度销售量	3 200		
预计一季度期末存量	950	9 800	4 000
预计二季度期末存量	960	10 000	4 500
预计三季度期末存量	1 000	9 000	4 200
预计四季度期末存量	900	8 500	3 800

（3）费用情况见表5-24。

表5-24　　　　　　　　　　　　费用情况

项目	甲产品单耗
A材料	6千克
B材料	4.2千克
人工小时	2小时

甲产品每件售价130元，每季的商品销售收入在当季收到70%，其余部分在下季收讫；A材料采购价5.6元/千克，B材料采购价10元/千克，每季的购料款当季支付60%，其余在下季度支付。

另外：①直接人工每小时工资率5元；②全年预计折旧费120 000元，管理、保险、维护等其他固定制造费用116 700元，变动制造费用分配率为1.3元/小时；③全年预计发生固定期间费用84 700元，单位变动期间费用为1元。

（4）公司其他现金收支情况：

①一季度末支付上年应付所得税26 900元，计划年度各季度末均预付当季所得税25 000元；

②年末资产负债表上的银行借款50 000元，期限为6个月，于计划年度的第一季度末到期，利率5%，本息一次性偿还。

（5）公司要求的现金最低存量为10 000元，不足可向银行借款，借款利率按5%计算，在还款时付息（假定所有借款都发生在每季初，而还款均发生在每季末）。

要求：根据上述资料，编制该公司计划年度的销售预算、生产预算、A材料采购预算、B材料采购预算、应付账款预算、直接人工预算、制造费用预算、甲产品成本及期末存货预算、销售及管理费用预算、专门决策预算、年度现金预算、预计利润表和预计资产负债表。

解析：上述预算的编制分别见表5-25至表5-37。

表5-25　　　　　　　　　　　　　　**销售预算表**　　　　　　　　　　金额单位：元

项目		一季度	二季度	三季度	四季度	合计
预计销售量（件）		3 000	3 500	3 600	3 200	13 300
销售单价		130	130	130	130	130
预计销售额		390 000	455 000	468 000	416 000	1 729 000
预计现金收入	期初应收账款余额	150 000				150 000
	一季度销售收入	273 000	117 000			390 000
	二季度销售收入		318 500	136 500		455 000
	三季度销售收入			327 600	140 400	468 000
	四季度销售收入				291 200	291 200
	合计	423 000	435 500	464 100	431 600	1 754 200
	期末应收账款余额			124 800		

表5-26　　　　　　　　　　　　　　**生产预算表**　　　　　　　　　　单位：件

项目	一季度	二季度	三季度	四季度	合计
预计销售量	3 000	3 500	3 600	3 200	13 300
加：期末存货	950	960	1 000	900	900
减：期初存货	930	950	960	1 000	930
预计生产量	3 020	3 510	3 640	3 100	13 270

表5-27　　　　　　　　　　　　　**A材料采购预算表**

项目	一季度	二季度	三季度	四季度	合计
甲产品产量（件）	3 020	3 510	3 640	3 100	13 270
甲产品单耗（千克）	6	6	6	6	6
甲产品材料耗用量（千克）	18 120	21 060	21 840	18 600	79 620
加：期末存货（千克）	9 800	10 000	9 000	8 500	8 500
减：期初存货（千克）	9 000	9 800	10 000	9 000	9 000
预计购料量（千克）	18 920	21 260	20 840	18 100	79 120
计划单价（元）	5.6	5.6	5.6	5.6	5.6
预计采购金额（元）	105 952	119 056	116 704	101 360	443 072

表5-28   B材料采购预算表

项目	一季度	二季度	三季度	四季度	合计
甲产品产量（件）	3 020	3 510	3 640	3 100	13 270
甲产品单耗（千克）	4.2	4.2	4.2	4.2	4.2
甲产品材料耗用量（千克）	12 684	14 742	15 288	13 020	55 734
加：期末存货（千克）	4 000	4 500	4 200	3 800	3 800
减：期初存货（千克）	4 520	4 000	4 500	4 200	4 520
预计购料量（千克）	12 164	15 242	14 988	12 620	55 014
计划单价（元）	10	10	10	10	10
预计采购金额（元）	121 640	152 420	149 880	126 200	550 140
A、B材料采购金额合计（元）	227 592	271 476	266 584	227 560	993 212

表5-29   应付账款预算表   单位：元

项目	金额及发生额	一季度	二季度	三季度	四季度
应付账款期初余额	80 000	80 000			
第一季度采购额	227 592	136 555.2	91 036.8		
第二季度采购额	271 476		162 885.6	108 590.4	
第三季度采购额	266 584			159 950.4	106 633.6
第四季度采购额	227 560				136 536
合计	1 073 212	216 555.2	253 922.4	268 540.8	243 169.6
应付账款期末余额			91 024		

表5-30   直接人工预算表

项目	合计甲产品	一季度	二季度	三季度	四季度
预计生产量（件）	13 270	3 020	3 510	3 640	3 100
标准工时（小时/件）	2	2	2	2	2
预计工时（小时）	26 540	6 040	7 020	7 280	6 200
每小时工资率（元）	5	5	5	5	5
直接人工成本总额（元）	132 700	30 200	35 100	36 400	31 000

表5-31　　　　　　　　　　　　　　　制造费用预算表　　　　　　　　　　　　　　单位：元

项目		甲产品
变动费用	预计工时（小时）	26 540
	标准分配率（元/小时）	1.3
	小计	34 502
固定费用		116 700
合计		151 202
减：折旧费		120 000
付现费用		3 1202
制造费用预计每季现金支出总额		31 202÷4=7 800.5

表5-32　　　　　　　　　　　　甲产品成本及期末存货预算表　　　　　　　　　　金额单位：元

成本项目		单耗	单价	单位成本	产品产量（件）	生产成本
直接材料	A材料	6千克	5.6	33.6		445 872
	B材料	4.2千克	10	42		557 340
直接人工		2小时	5	10	13 270	132 700
变动制造费用		2小时	1.3	2.6		34 502
合计		—	—	88.2		1 170 414
期末存货预算	项目			甲产品		
	期末存货数量（件）			900		
	标准成本（元/件）			88.2		
	期末存货金额（元）			79 380		

表5-33　　　　　　　　　　　　　销售及管理费用预算表

项目	甲产品
预计销售量（件）	13 300
单位变动费用（元）	1
预计变动费用（元）	13 300
预计固定费用（元）	84 700
合计（元）	98 000
预计每季现金支出总额（元）	98 000÷4=24 500

表5-34 　　　　　　　　　　　　　专门决策预算表　　　　　　　　　　　　　　单位：元

项目	一季度	二季度	三季度	四季度	合计
支付所得税	（26 900+25 000）51 900	25 000	25 000	25 000	126 900
偿还借款	50 000				50 000
支付利息	1 250				1 250

表5-35 　　　　　　　　　　　　　年度现金预算表　　　　　　　　　　　　　　单位：元

项目	一季度	二季度	三季度	四季度	合计
期初现金余额	10 274	51 068.3	140 245.4	242 104.1	10 274
加：现金收入	423 000	435 500	464 100	431 600	1 754 200
可动用现金合计	433 274	486 568.3	604 345.4	673 704.1	1 764 474
减：现金支出					
采购材料	216 555.2	253 922.4	268 540.8	243 169.6	982 188
支付工资	30 200	35 100	36 400	31 000	132 700
制造费用	7 800.5	7 800.5	7 800.5	7 800.5	31 202
销售及管理费用	24 500	24 500	24 500	24 500	98 000
支付所得税	51 900	25 000	25 000	25 000	126 900
现金支出合计	330 955.7	346 322.9	362 241.3	331 470.1	1 370 990
收支相抵	102 318.3	140 245.4	242 104.1	342 234	393 484
融通资金					
归还借款	50 000				50 000
支付利息	1 250				1 250
融通资金合计	51 250				51 250
期末现金余额	51 068.3	140 245.4	242 104.1	342 234	342 234

表5-36　　　　　　　　　　　　　　　**预计利润表**　　　　　　　　　　　　　　单位：元

项目	金额
销售收入（130×13 300）	1 729 000
减：变动成本	
变动生产成本（88.2×13 300）	1 173 060
变动销售及管理费用	13 300
贡献边际总额	542 640
减：固定成本	
固定制造成本	116 700
固定销售及管理费用	84 700
息税前利润	341 240
减：利息费用	1 250
税前利润	339 990
减：所得税	100 000
税后利润	239 990

表5-37　　　　　　　　　　　　　　　**预计资产负债表**　　　　　　　　　　　　　　单位：元

项目	金额	项目	金额
库存现金	342 234	短期借款	
应收账款	124 800	应付账款	91 024
原材料	85 600	应付税金	
产成品	117 000	实收资本	528 000
固定资产	500 000	未分配利润	280 610
累计折旧	−270 000	负债及所有者权益合计	899 634
资产合计	899 634		

项目六

绩效管理实训

职业技能要点与重难点

序号	工作任务	任务分解	技能操作	重难点
1	关键绩效指标法实训	（1）计算并运用关键绩效指标法	（1）能够熟练计算并运用关键指标	（1）关键指标的计算与评价
2	经济增加值法实训	（2）计算并运用经济增加值法	（2）能够熟练计算并运用经济增加值	（2）经济增加值的计算与评价
3	平衡计分卡实训	（3）运用平衡计分卡	（3）能够构建平衡计分卡并进行基本应用	（3）平衡计分卡的构建与指标计算

任务一　关键绩效指标法实训

技能点42　计算并运用关键绩效指标

一、实训任务

1. 明确关键绩效指标有哪些
2. 进行关键绩效指标的计算

二、实训材料

1. 相关数据资料
2. 关键绩效指标

三、实训内容

（一）认知关键绩效指标法

1. 关键绩效指标法的含义

关键绩效指标法，是指基于企业战略目标，通过建立关键绩效指标体系，将价值创造活动与战略规划目标有效联系，并据此进行绩效管理的方法。

关键绩效指标（Key Performance Indicator，简称KPI），是对企业绩效产生关键影响力的指标，是通过对企业战略目标、关键成果领域的绩效特征分析，识别和提炼出的最能有效驱动企业价值创造的指标。

2. 关键绩效指标的分类

企业的关键绩效指标一般可分为结果类指标和动因类指标。

结果类指标是反映企业绩效的价值指标，主要包括投资回报率、净资产收益率、经济增加值、息税前利润、自由现金流等综合指标。

动因类指标是反映企业价值关键驱动因素的指标，主要包括资本性支出、单位生产成本、产量、销量、客户满意度、员工满意度等。

（二）关键绩效指标法的应用

企业应用关键绩效指标法，一般按照制定以关键绩效指标为核心的绩效计划、制订激励计划、执行绩效计划与激励计划、实施绩效评价与激励、编制绩效评价与激励管理报告等程序进行。

制订绩效计划，包括构建指标体系、分配指标权重、确定绩效目标值、选择计分方法和评价周期、拟定绩效责任书等。

1.构建关键绩效指标体系

企业一般按照以下层次构建关键绩效指标体系：

第一层次：企业级关键绩效指标。企业应根据战略目标，结合价值创造模式，综合考虑内外部环境等因素，设定企业级关键绩效指标。

第二层次：所属单位（部门）级关键绩效指标。根据企业级关键绩效指标，结合所属单位（部门）关键业务流程，按照上下结合、分级编制、逐级分解的程序，在沟通反馈的基础上，设定所属单位（部门）级关键绩效指标。

第三层次：岗位（员工）级关键绩效指标。根据所属单位（部门）级关键绩效指标，结合员工岗位职责和关键工作价值贡献，设定岗位（员工）级关键绩效指标。

2.设置关键绩效指标

基本要求：应含义明确、可度量、与战略目标高度相关。

数量要求：指标的数量不宜过多，每一层级的关键绩效指标一般不超过10个。

3.设定关键绩效指标权重

基本原则：应以企业战略目标为导向，反映被评价对象对企业价值贡献或支持的程度，以及各指标之间的重要性水平。

具体要求：

（1）单项关键绩效指标权重一般设定在5%～30%之间。

（2）对特别重要的指标可适当提高权重。

（3）对特别关键、影响企业整体价值的指标可设立"一票否决"制度，即如果某项关键绩效指标未完成，无论其他指标是否完成，均视为未完成绩效目标。

4.设定关键绩效指标目标值

关键绩效指标目标值的确定有以下三个标准：

（1）依据国家有关部门或权威机构发布的行业标准或参考竞争对手标准。

（2）参照企业内部标准，包括企业战略目标、年度生产经营计划目标、年度预算目标、历年指标水平等。

（3）不能按前两项方法确定的，可根据企业历史经验值确定。

（三）关键绩效指标法的优缺点

关键绩效指标法的优点：一是使企业业绩评价与战略目标密切相关，有利于战略目标的实现；二是通过识别的价值创造模式把握关键价值驱动因素，能够更有效地实现企业价值增值目标；三是评价指标数量相对较少，易于理解和使用，实施成本相对较低，有利于推广实施。

关键绩效指标法的缺点：关键绩效指标的选取需要透彻理解企业价值创造模式和战略目标，有效识别核心业务流程和关键价值驱动因素，指标体系设计不当将导致错误的价值导向或管理缺失。

（四）关键绩效指标的计算

1. 结果类指标

（1）投资资本回报率，是指企业一定会计期间取得的息前税后利润占其所使用的全部投资资本的比例，反映企业在会计期间有效利用投资资本创造回报的能力。一般计算公式如下：

$$投资资本回报率 = \frac{税前利润 \times (1 - 所得税税率) + 利息支出}{投资资本平均余额} \times 100\%$$

$$投资资本平均余额 = \frac{期初投资资本 + 期末投资资本}{2}$$

$$投资资本 = 有息债务 + 所有者(股东)权益$$

（2）净资产收益率（也称权益净利率），是指企业一定会计期间取得的净利润占其所使用的净资产平均数的比例，反映企业全部资产的获利能力。一般计算公式如下：

$$净资产收益率 = \frac{净利润}{平均净资产} \times 100\%$$

（3）息税前利润，是指企业当年实现税前利润与利息支出的合计数。一般计算公式如下：

$$息税前利润 = 税前利润 + 利息支出$$

（4）自由现金流，是指企业一定会计期间经营活动产生的净现金流超过付现资本性支出的金额，反映企业可动用的现金。一般计算公式如下：

$$自由现金流 = 经营活动净现金流 - 付现资本性支出$$

（5）资产负债率，是指企业负债总额与资产总额的比值，反映企业整体财务风险程度。一般计算公式如下：

$$资产负债率 = \frac{负债总额}{资产总额} \times 100\%$$

2. 动因类指标

（1）资本性支出，是指企业发生的、其效益涉及两个或两个以上会计年度的各项支出。

（2）产量，是指企业在一定时期内生产出来的产品的数量。

（3）销量，是指企业在一定时期内销售商品的数量。

（4）单位生产成本，是指生产单位产品而平均耗费的成本。

（5）客户满意度，是指客户期望值与客户体验的匹配程度，即客户通过对某项产品或服务的实际感知与其期望值相比较后得出的指数。客户满意度收集渠道主要包括问卷调查、客户投诉、与客户的直接沟通、消费者组织的报告、各种媒体的报告和行业研究的结果等。

（6）员工满意度，是指员工对企业的实际感知与其期望值相比较后得出的指数。主要通过问卷调查、访谈调查等方式，从工作环境、工作关系、工作内容、薪酬福利、职业发展等方面进行衡量。

四、实训注意事项

在计算结果类指标时注意一致性原则：在比率指标计算中，分子分母的时间特征必须一致，即同为时点指标或同为时期指标。若一个为时期指标，另一个为时点指标，则应该把时点指标调整为时期指标，调整的方法是计算时点指标的平均值，一般算年初与年末的平均数。

五、实训案例

【技能训练6-1】某企业税前利润总额500万元，其中财务费用利息支出30万元，企业所得税税率25%。2024年有关资料见表6-1。

表6-1　　　　　　　　　　　　　　财务指标资料表　　　　　　　　　　　　　　单位：万元

项目名称	年初数	年末数
无息债务	220	300
有息债务	430	550
所有者权益	1 400	1 500

要求：计算结果类指标（投资资本回报率、净资产收益率、息税前利润、资产负债率）。

解析：

（1）计算投资资本回报率。

第一步：计算期初、期末投资资本。

期初投资资本 = 430 + 1 400 = 1 830（万元）

期末投资资本 = 550 + 1 500 = 2 050（万元）

第二步：计算投资资本平均余额。

$$投资资本平均余额 = \frac{1\ 830 + 2\ 050}{2} = 1\ 940（万元）$$

第三步：计算投资资本回报率。

$$投资资本回报率 = \frac{500 \times (1 - 25\%) + 30}{1\ 940} = 20.88\%$$

（2）计算净资产收益率。

第一步：计算净资产平均余额。

$$净资产平均余额 = 所有者权益平均余额 = \frac{1\ 400 + 1\ 500}{2} = 1\ 450（万元）$$

第二步：计算净利润。

净利润 = 500 × (1 - 25%) = 375（万元）

第三步：计算净资产收益率。

$$净资产收益率 = \frac{375}{1\,450} = 25.86\%$$

（3）计算息税前利润。

息税前利润 = 税前利润 + 利息费用 = 500 + 30 = 530（万元）

（4）计算资产负债率。

资产负债率一般用期末资产余额、期末负债余额来计算：

第一步：计算期末负债。

期末负债 = 300 + 550 = 850（万元）

第二步：计算期末资产。

期末资产 = 期末负债 + 期末所有者权益 = 850 + 1\,500 = 2\,350（万元）

第三步：计算资产负债率。

$$资产负债率 = \frac{850}{2\,350} = 36.17\%$$

任务二 经济增加值法实训

技能点43 计算并运用经济增加值指标

一、实训任务

1. 理解经济增加值的含义
2. 计算经济增加值

二、实训材料

1. 相关数据资料
2. 经济增加值指标

三、实训内容

（一）认知经济增加值法

经济增加值法，是指以经济增加值为核心，建立绩效指标体系，引导企业注重价值创造，并据此进行绩效管理的方法。

经济增加值（EconomicValueAdded，简称EVA），是指税后净营业利润扣除全部投入资本的成本后的剩余收益。经济增加值及其改善值是全面评价经营者有效使用资本和为企业创造价值的重要指标。经济增加值为正，表明经营者在为企业创造价值；经济增加值为负，表明经营者在损毁企业价值。

（二）经济增加值法的应用

企业应用经济增加值法，一般按照制订以经济增加值指标为核心的绩效计划、制订激励计划、执行绩效计划与激励计划、实施绩效评价与激励、编制绩效评价与激励管理报告等程序进行。

经济增加值法较少单独应用，一般与关键绩效指标法、平衡计分卡等其他方法结合使用。

（三）经济增加值的基本计算

经济增加值的基本计算公式为：

经济增加值 = 税后净营业利润 – 平均资本占用 × 加权平均资本成本

1.税后净营业利润的计算

税后净营业利润衡量的是企业的经营盈利情况。税后净营业利润等于会计上的税后净利润加上利息支出等会计调整项目后的税后利润。

2.平均资本占用的计算

平均资本占用中的资本是指所有投资者投入企业经营的全部资本，包括债务资本和股权资本。其中债务资本包括融资活动产生的各类有息负债，不包括经营活动产生的无息流动负债。股权资本包含少数股东权益。

资本占用除根据经济业务实质相应调整资产减值损失、递延所得税等，还可根据管理需要调整研发支出、在建工程等项目，引导企业注重长期价值创造。

3. 加权平均资本成本的计算

加权平均资本成本反映的是企业各种资本的平均成本率。加权平均资本成本是债务资本成本和股权资本成本的加权平均，反映了投资者所要求的必要报酬率。加权平均资本成本的计算公式如下：

$$K_{WACC} = K_D \frac{DC}{TC}(1 - T) + K_S \frac{EC}{TC}$$

其中：TC表示资本占用，EC表示股权资本，DC表示债务资本；T表示所得税税率；K_{WACC}表示加权平均资本成本，K_D表示债务资本成本，K_S表示股权资本成本。

债务资本成本是企业实际支付给债权人的税前利率，反映的是企业在资本市场中债务融资的成本率。如果企业存在不同利率的融资来源，债务资本成本应使用加权平均值。股权资本成本是在不同风险下，所有者对投资者要求的最低回报率。通常根据资本资产定价模型确定，计算公式为：

$$K_S = R_f + \beta(R_m - R_f)$$

其中：R_f为无风险收益率，R_m为市场预期回报率，$R_m - R_f$为市场风险溢价，β为企业股票相对于整个市场的风险指数。上市企业的β值，可采用回归分析法或单独使用最小二乘法等方法测算确定，也可以直接采用证券机构等提供或发布的β值；非上市企业的β值，可采用类比法，参考同类上市企业的β值确定。

（四）经济增加值的调整

计算经济增加值时，需要进行相应的会计项目调整，以消除财务报表中不能准确反映企业价值创造的部分。会计调整项目的选择应遵循价值导向性、重要性、可控性、可操作性与行业可比性等原则，根据企业实际情况确定。常用的调整项目有：

1.研究开发费、大型广告费等一次性支出但收益期较长的费用，应予以资本化处理，不计入当期费用。

2.反映付息债务成本的利息支出,不作为期间费用扣除,计算税后净营业利润时扣除所得税影响后予以加回。

3.营业外收入、营业外支出具有偶发性,将当期发生的营业外收支从税后净营业利润中扣除。

4.将当期减值损失扣除所得税影响后予以加回,并在计算资本占用时相应调整资产减值准备发生额。

5.递延税金不反映实际支付的税款情况,将递延所得税资产及递延所得税负债变动影响的企业所得税从税后净营业利润中扣除,相应调整资本占用。

6.其他非经常性损益调整项目,如股权转让收益等。

(五)经济增加值法的优缺点

经济增加值法的优点:考虑了所有资本的成本,更真实地反映了企业的价值创造能力;实现了企业利益、经营者利益和员工利益的统一,激励经营者和所有员工为企业创造更多价值;能有效遏制企业盲目扩张规模以追求利润总量和增长率的倾向,引导企业注重长期价值创造。

经济增加值法的缺点:一是仅能衡量和预判企业当期或未来1~3年的价值创造情况,无法衡量企业长远发展战略的价值创造情况;二是计算主要基于财务指标,无法对企业的营运效率与效果进行综合评价;三是不同行业、不同发展阶段、不同规模的企业,其会计调整项和加权平均资本成本各不相同,计算比较复杂,影响指标的可比性。

四、实训注意事项

1.经济增加值在调整时,不仅涉及利润表而且涉及资产负债表的有关项目,需要按照复式记账原理同时调整。例如,将研发费用从当期费用中扣除时,必须相应增加平均资本占用。

2.税后净营业利润与净利润不相同。

五、实训案例

【技能训练6-2】B公司是一家处于成长阶段的上市公司,正在对2024年的业绩进行计量和评价,有关资料如下:

(1)B公司2024年的销售收入为2 500万元,营业成本为1 340万元,销售及管理费用为500万元,利息费用为236万元。

(2)B公司2024年的平均资产为5 100万元,假设均为经营性资产,平均无息负债为100万元,平均股东权益为2 000万元。

(3)目前无风险报酬率为3%,市场组合的平均报酬率为13%,B公司股票的β系数为0.9。税前有息负债资本成本为8%。

(4)B公司适用的企业所得税税率为25%

(5)经济增加值计算时需要调整的事项如下:为扩大市场份额,B公司2024年年末发生大型广告费100万元,全部计入销售费用,计算经济增加值时要求将该营销费用资本化。(提示:调整时按照复式记账原理,同时调整税后净营业利润和平均资本占用。)

要求:计算B公司调整后税后净营业利润、调整后平均资本占用、加权平均资本成本、经济增加值。

解析：

（1）计算调整后税后净营业利润。

第一步：计算净利润。

净利润 = （2 500 – 1 340 – 500 – 236）×（1 – 25%）= 318（万元）

第二步：计算调整后税后净营业利润。

调整后税后净营业利润 = 318 + 236×（1 – 25%）+ 100×（1 – 25%）= 570（万元）

（2）计算调整后平均资本占用。

第一步：计算调整前平均资本占用。

平均总负债 = 平均总资产 – 平均所有者权益 = 5 100 – 2 000 = 3 100（万元）

平均有息负债 = 平均总负债 – 平均无息负债 = 3 100 – 100 = 3 000（万元）

调整前平均资本占用 = 平均有息负债 + 平均所有者权益 = 3 000 + 2 000 = 5 000（万元）

第二步：计算调整后平均资本占用。

调整后平均资本占用 = 5 000 + 100×（1 – 25%）= 5 075（万元）

（3）计算加权平均资本成本。

第一步：计算股权资本成本。

股权资本成本 = 3% + （13% – 3%）× 0.9 = 12%

第二步：计算税后债务资本成本。

税后债务资本成本 = 8%×（1 – 25%）= 6%

第三步：计算加权平均资本成本。

$$加权平均资本成本 = 12\% \times \frac{2\,000}{5\,000} + 6\% \times \frac{3\,000}{5\,000} = 8.4\%$$

（4）计算经济增加值。

经济增加值 = 570 – 5 075×8.4% = 143.7（万元）

任务三　平衡计分卡实训

技能点44　计算并运用平衡计分卡评价指标

一、实训任务

1.了解平衡计分卡的设计思路

2.运用平衡计分卡进行绩效评价

二、实训材料

1.相关数据资料

2.平衡计分卡

三、实训内容

（一）认知平衡计分卡

平衡计分卡，是指基于企业战略，从财务、客户、内部业务流程、学习与成长四个维度，将战略目标逐层分解转化为具体的、相互平衡的绩效指标体系，并据此进行绩效管理的方法。

平衡计分卡通常与战略地图等其他工具结合使用。平衡计分卡适用于战略目标明确、管理制度比较完善、管理水平相对较高的企业。平衡计分卡的应用对象可以是企业、所属单位（部门）和员工。

（二）平衡计分卡的应用前提

企业应用平衡计分卡，应有明确的愿景和战略。平衡计分卡应以战略目标为核心，全面描述、衡量和管理战略目标，将战略目标转化为可操作的行动。

平衡计分卡可能涉及组织和流程变革，具有创新精神、变革精神的企业文化有助于平衡计分卡的成功实施。

企业应对组织结构和职能进行梳理，消除不同组织职能间的壁垒，实现良好的组织协同，既包括企业内部各级单位（部门）之间的横向与纵向协同，也包括与投资者、客户、供应商等外部利益相关者之间的协同。

企业应注重员工学习与成长能力的提升，以更好地实现平衡计分卡的财务、客户、内部业务流程目标，使战略目标贯彻到每一名员工的日常工作中。

平衡计分卡的实施是一项复杂的系统工程。企业一般需要建立由战略管理、人力资源管理、财务管理和外部专家等组成的团队，为平衡计分卡的实施提供机制保障。

企业应建立高效集成的信息系统，实现绩效管理与预算管理、财务管理、生产经营等系统的紧密结合，为平衡计分卡的实施提供信息支持。

（三）平衡计分卡的应用程序

1.一般程序

企业应用平衡计分卡，一般按照制定战略地图、制订以平衡计分卡为核心的绩效计划、制订激励计划、制定战略性行动方案、执行绩效计划与激励计划、实施绩效评价与激励、编制绩效评价与激励管理报告等程序进行。

企业首先应制定战略地图，即基于企业愿景与战略，将战略目标及其因果关系、价值创造路径以图示的形式直观、明确、清晰地呈现。战略地图基于战略主题构建，战略主题反映企业价值创造的关键业务流程，每个战略主题包括相互关联的1~2个目标。

战略地图制定后，应以平衡计分卡为核心编制绩效计划。绩效计划是企业开展绩效评价工作的行动方案，包括构建指标体系、分配指标权重、确定绩效目标值、选择计分方法和评价周期、签订绩效责任书等一系列管理活动。制订绩效计划通常从企业级开始，层层分解到所属单位（部门），最终落实到具体岗位和员工。

2.构建平衡计分卡指标体系

平衡计分卡指标体系的构建应围绕战略地图，针对财务、客户、内部业务流程和学习与成长四个维度的战略目标，确定相应的评价指标。

构建平衡计分卡指标体系的一般程序：

（1）制定企业级指标体系。根据企业层面的战略地图，为每个战略主题的目标设定评价指标，每个目标至少应有1个指标。

（2）制定所属单位（部门）级指标体系。依据企业级战略地图和指标体系，制定所属单位（部门）的战略地图，确定相应的指标体系，协同各所属单位（部门）的行动与战略目标。

（3）制定岗位（员工）级指标体系。根据企业、所属单位（部门）级指标体系，按照岗位职责逐级形成岗位（员工）级指标体系。

构建平衡计分卡指标体系时，应注重短期目标与长期目标的平衡、财务指标与非财务指标的平衡、结果性指标与动因性指标的平衡、企业内部利益与外部利益的平衡。平衡计分卡每个维度的指标通常为4~7个，总数量一般不超过25个。

3.设置平衡计分卡指标的权重

平衡计分卡指标的权重分配应以战略目标为导向，反映被评价对象对企业战略目标贡献或支持的程度，以及各指标之间的重要性水平。

企业绩效指标权重一般设定在5%~30%之间，对特别重要的指标可适当提高权重。对特别关键、影响企业整体价值的指标可设立"一票否决"制度，即如果某项绩效指标未完成，无论其他指标是否完成，均视为未完成绩效目标。

4.设置平衡计分卡指标的目标值

平衡计分卡绩效目标值应根据战略地图的因果关系分别设置。首先确定战略主题的目标值，其次确定主题内的目标值，然后基于平衡计分卡评价指标与战略目标的对应关系，为每个评价指标设定目标值，通常设计3~5年的目标值。

平衡计分卡绩效目标值确定后，应规定因内外部环境发生重大变化、自然灾害等不可抗力因素对绩效完成结果产生重大影响时，对目标值进行调整的办法和程序。一般情况下，由被评价对象或评价主体测算确定影响程度，向相应的绩效管理工作机构提出调整申请，报薪酬与考核委员会或类似机构审批。

（四）平衡计分卡的四个维度

构建平衡计分卡指标体系时，企业应以财务维度为核心，其他维度的指标都与财务维度的一个或多个指标相联系。通过梳理财务维度目标的实现过程，确定每个维度的关键驱动因素，结合战略主题，选取关键绩效指标。

1.财务维度指标

财务维度以财务术语描述了战略目标的有形成果。常用指标有投资资本回报率、净资产收益率、经济增加值、息税前利润、自由现金流、资产负债率、总资产周转率等。

投资资本回报率，是指企业一定会计期间取得的息前税后利润占其所使用的全部投资资本的比例，反映企业在会计期间有效利用投资资本创造回报的能力。一般计算公式如下：

$$投资资本回报率 = \frac{税前利润 \times (1 - 所得税税率) + 利息支出}{投资资本平均余额} \times 100\%$$

$$投资资本平均余额 = \frac{期初投资资本 + 期末投资资本}{2}$$

$$投资资本 = 有息债务 + 所有者(股东)权益$$

净资产收益率（也称权益净利率），是指企业一定会计期间取得的净利润占其所使用的净资产平均数的比例，反映企业全部资产的获利能力。一般计算公式如下：

$$净资产收益率 = \frac{净利润}{平均净资产} \times 100\%$$

经济增加值回报率，是指企业一定会计期间内经济增加值与平均资本占用的比值。一般计算公式如下：

$$经济增加值回报率 = \frac{经济增加值}{平均资本占用} \times 100\%$$

息税前利润，是指企业当年实现税前利润与利息支出的合计数。一般计算公式如下：

$$息税前利润 = 税前利润 + 利息支出$$

自由现金流，是指企业一定会计期间经营活动产生的净现金流超过付现资本性支出的金额，反映企业可动用的现金。一般计算公式如下：

$$自由现金流 = 经营活动净现金流 - 付现资本性支出$$

资产负债率，是指企业负债总额与资产总额的比值，反映企业整体财务风险程度。一般计算公式如下：

$$资产负债率 = \frac{负债总额}{资产总额} \times 100\%$$

总资产周转率，是指营业收入与总资产平均余额的比值，反映总资产在一定会计期间内周转的次数。一般计算公式如下：

$$总资产周转率 = \frac{营业收入}{总资产平均余额}$$

资本周转率，是指企业在一定会计期间内营业收入与平均资本占用的比值。一般计算公式如下：

$$资本周转率 = \frac{营业收入}{平均资本占用} \times 100\%$$

2.客户维度指标

客户维度界定了目标客户的价值主张。企业常用指标有市场份额、客户满意度、客户获得率、客户保持率、客户获利率、战略客户数量等。

市场份额，是指企业的销售量（或销售额）在市场同类产品中所占的比重。

客户满意度，是指客户期望值与客户体验的匹配程度，即客户通过对某项产品或服务的实际感知与其期望值相比较后得出的指数。客户满意度的收集渠道主要包括问卷调查、客户投诉、与客户的直接沟通、消费者组织的报告、各种媒体的报告和行业研究的结果等。

客户获得率，是指企业在争取新客户时成功的比例。该指标可用客户数量增长率或客户交易额增长率来描述。

客户保持率，是指企业继续保持与老客户交易关系的比例。该指标可用老客户交易增长率来描述。

客户获利率，是指企业从单一客户得到的净利润与付出的总成本的比率。

战略客户数量，是指对企业战略目标实现有重要作用的客户的数量。

3.内部业务流程维度指标

内部业务流程维度确定了对战略目标产生影响的关键流程。常用指标有交货及时率、生产负荷率、产品合格率、存货周转率、单位生产成本等。

交货及时率，是指企业在一定会计期间内及时交货的次数占其总交货次数比例。一般计算公式如下：

$$交货及时率 = \frac{及时交货的订单数}{总订单数} \times 100\%$$

生产负荷率，是指投产项目在一定会计期间内的产量与设计生产能力的比例。一般计算公式如下：

$$生产负荷率 = \frac{实际产量}{设计生产能力} \times 100\%$$

产品合格率，是指合格产品数量占总产品数量的比例。一般计算公式为：

$$产品合格率 = \frac{合格产品数量}{总产品数量} \times 100\%$$

存货周转率，是指企业营业成本与存货平均余额的比值，反映存货在一定会计期间内周转的次数。一般计算公式如下：

$$存货周转率 = \frac{营业成本}{存货平均余额}$$

单位生产成本，是指生产单位产品而平均耗费的成本。

4.学习与成长维度指标

学习与成长维度确定了对战略最重要的无形资产。常用指标有员工流失率、员工生产率、培训计划完成率、员工满意度等。

员工流失率，是指企业一定会计期间内离职员工占员工平均人数的比例。一般计算公式如下：

$$员工流失率 = \frac{本期离职员工人数}{员工平均人数} \times 100\%$$

$$员工保持率 = 1 - 员工流失率$$

员工生产率，是指员工在一定会计期间内创造的劳动成果与相应员工数量的比值。该指标可用人均产品生产数量或人均营业收入衡量。一般计算公式如下：

$$人均产品生产数量 = \frac{本期产品生产总量}{生产人数}$$

$$人均营业收入 = \frac{本期营业收入}{员工人数}$$

培训计划完成率，是指培训计划实际执行的总时数占培训计划总时数的比例。一般计算公式如下：

$$培训计划完成率 = \frac{培训计划实际执行的总时数}{培训计划总时数} \times 100\%$$

（五）平衡计分卡的优缺点

平衡计分卡的优点：一是战略目标逐层分解并转化为被评价对象的绩效指标和行动方案，使整个组织的行动协调一致；二是从财务、客户、内部业务流程、学习与成长四个维度确定绩效指标，使绩效评价更为全面完整；三是将学习与成长作为一个维度，注重员工的发展和组织资本、信息资本等无形资产的开发利用，有利于增强企业的可持续发展能力。

平衡计分卡的缺点：一是专业技术要求高，工作量比较大，操作难度也较大，需要持续地沟通和反馈，实施比较复杂，实施成本高；二是各指标权重在不同层级及各层级不同指标之间的分配比较困难，且部分非财务指标的量化工作难以落实；三是系统性强、涉及面广，需要专业人员的指导、企业全员的参与和长期持续的修正与完善，对信息系统、管理能力有较高的要求。

四、实训注意事项

1. 平衡计分卡所有指标的权重加起来要等于100%。
2. 各项指标的得分计算方法可能不相同。

五、实训案例

【技能训练6-3】2024年C公司的平衡计分卡见表6-2。已知各个指标的权重、目标值、实际值。

表6-2　　　　　　　　　2024年C公司的平衡计分卡得分计算表

维度	指标名称	权重	目标值	实际值	得分	加权得分
财务	净利润增长率（%）	15%	30.00%	28.66%		
	总资产周转率（次）	10%	1.48	1.35		
	净资产收益率（%）	20%	15.00%	14.68%		
客户	客户满意度（%）	10%	93.00%	91.36%		
	订单增长率（%）	10%	30.00%	31.68%		
内部流程	单位生产成本（元）	10%	120	120		
	产品合格率（%）	10%	97.00%	92.69%		
学习与成长	培训计划完成率（%）	5%	100.00%	80.00%		
	员工满意度（%）	10%	95.00%	85.77%		
加权综合得分						

要求：请在Excel中画出C公司的平衡计分卡，并计算各项指标的得分、加权得分以及加权综合得分。（指标得分 = 实际值/目标值×100）

解析：

（1）在Excel中画出C公司的平衡计分卡，如图6-1所示。

维度	指标名称	权重	目标值	实际值	得分	加权得分
				2024年C公司的平衡计分卡计算		
财务	净利润增长率（%）	15%	30.00%	28.66%		
	总资产周转率（次）	10%	1.48	1.35		
	净资产收益率（%）	20%	15.00%	14.68%		
客户	客户满意度（%）	10%	93.00%	91.36%		
	订单增长率（%）	10%	30.00%	31.68%		
内部流程	单位生产成本（元）	10%	120	120		
	产品合格率（%）	10%	97.00%	92.69%		
学习与成长	培训计划完成率（%）	5%	100.00%	80.00%		
	员工满意度（%）	10%	95.00%	85.77%		
加权综合得分						

图6-1　2024年C公司的平衡计分卡计算

（2）利用Excel工具计算各项指标的得分。

在F3单元格输入"＝E3/D3*100"，按下回车键，得出净利润增长率指标的得分为95.53，选中F3单元格，鼠标移到该单元格右下角，出现黑色十字时，按住鼠标左键向下拉到F11单元格，得到各项指标的得分，如图6-2所示。

维度	指标名称	权重	目标值	实际值	得分	加权得分
				2024年C公司层面平衡计分卡计算		
财务	净利润增长率（%）	15%	30.00%	28.66%	95.53	
	总资产周转率（次）	10%	1.48	1.35	91.22	
	净资产收益率（%）	20%	15.00%	14.68%	97.87	
客户	客户满意度（%）	10%	93.00%	91.36%	98.24	
	订单增长率（%）	10%	30.00%	31.68%	105.60	
内部流程	单位生产成本（元）	10%	120	120	100.00	
	产品合格率（%）	10%	97.00%	92.69%	95.56	
学习与成长	培训计划完成率（%）	5%	100.00%	80.00%	80.00	
	员工满意度（%）	10%	95.00%	85.77%	90.28	
加权综合得分						

图6-2　计算各项指标的得分

（3）利用Excel工具计算各项指标的加权得分。

在G3单元格输入"＝C3*F3"，按下回车键，得出净利润增长率指标的加权得分为14.33。

选中G3单元格，鼠标移到该单元格右下角，出现黑色十字时，按住鼠标左键向下拉到 G11 单元格，得到各项指标的加权得分，如图 6-3 所示。

维度	指标名称	权重	目标值	实际值	得分	加权得分
	2024年C公司层面平衡计分卡计算					
财务	净利润增长率（%）	15%	30.00%	28.66%	95.53	14.33
	总资产周转率（次）	10%	1.48	1.35	91.22	9.12
	净资产收益率（%）	20%	15.00%	14.68%	97.87	19.57
客户	客户满意度（%）	10%	93.00%	91.36%	98.24	9.82
	订单增长率（%）	10%	30.00%	31.68%	105.60	10.56
内部流程	单位生产成本（元）	10%	120	120	100.00	10.00
	产品合格率（%）	10%	97.00%	92.69%	95.56	9.56
学习与成长	培训计划完成率（%）	5%	100.00%	80.00%	80.00	4.00
	员工满意度（%）	10%	95.00%	85.77%	90.28	9.03
加权综合得分						

图6-3　计算各项指标的加权得分

（4）利用 Excel 工具计算加权综合得分。

在 D12 单元格输入公式 "= sum（G3：G11）"，按下回车键，即可算出加权综合得分为 95.99，如图 6-4 所示。

维度	指标名称	权重	目标值	实际值	得分	加权得分
	2024年C公司层面平衡计分卡计算					
财务	净利润增长率（%）	15%	30.00%	28.66%	95.53	14.33
	总资产周转率（次）	10%	1.48	1.35	91.22	9.12
	净资产收益率（%）	20%	15.00%	14.68%	97.87	19.57
客户	客户满意度（%）	10%	93.00%	91.36%	98.24	9.82
	订单增长率（%）	10%	30.00%	31.68%	105.60	10.56
内部流程	单位生产成本（元）	10%	120	120	100.00	10.00
	产品合格率（%）	10%	97.00%	92.69%	95.56	9.56
学习与成长	培训计划完成率（%）	5%	100.00%	80.00%	80.00	4.00
	员工满意度（%）	10%	95.00%	85.77%	90.28	9.03
加权综合得分				95.99		

图6-4　计算加权综合得分

【明德善思】重点绩效评价是财会监督工作体系的重要组成，也是健全预算制度、推进财政科学管理的重要抓手。财政部门应深入学习贯彻党的二十届三中全会精神，积极履行财政监管职责，高位谋划、精心组织，全面提升重点绩效评价质效，服务属地经济高质量发展。

党中央、国务院高度重视预算绩效管理。2018年9月，中共中央、国务院印发了《关于全面实施预算绩效管理的意见》，对全面实施预算绩效管理做出统筹谋划和顶层设计，为新时期预算绩效管理工作提供了依据。财政部门应深刻领会绩效管理的重要意义，将重点绩效评价列入全局重点工作任务，统筹谋划、专题研究，确保重点绩效评价工作高质量完成。

蓝佛安部长在《求是》杂志发表的《坚定信心 真抓实干 扎实实施积极的财政政策》中指出，"增强财政政策效能，全面实施预算绩效管理，完善预算编制有目标、预算执行有监控、预算完成有评价、评价结果有反馈、反馈结果有应用的全过程管理机制，进一步整饬财经秩序，提升财政资源配置效率和资金使用效益。"

项目实训

1. A公司营业收入7 300万元，净利润742万元。2024年A公司有关资料见表6-3。

表6-3　　　　　　　　　　　　2024年A公司相关资料表

项目名称	期初	期末
总资产（万元）	6 020	6 497
总负债（万元）	4 123	4 268

要求：计算关键绩效指标（资产负债率、总资产收益率、净资产收益率、总资产周转率）

解析：

（1）计算资产负债率。

资产负债率一般用期末资产余额、期末负债余额来计算。

$$资产负债率 = \frac{4\,268}{6\,497} \times 100\% = 65.69\%$$

（2）计算总资产收益率。

第一步：计算总资产平均余额。

$$总资产平均余额 = \frac{6\,020 + 6\,497}{2} = 6\,258.5（万元）$$

第二步：计算总资产收益率。

$$总资产收益率 = \frac{742}{6\,258.5} \times 100\% = 11.86\%$$

（3）计算净资产收益率。

第一步：计算净资产平均余额。

$$净资产平均余额 = 所有者权益平均余额 = \frac{6\,020 - 4\,123 + 6\,497 - 4\,268}{2} = 2\,063$$

（万元）

第二步：计算净资产收益率。

$$净资产收益率 = \frac{742}{2\,063} \times 100\% = 35.97\%$$

（4）总资产周转率。

第一步：计算总资产平均余额。

$$总资产平均余额 = \frac{6\ 020 + 6\ 497}{2} = 6\ 258.5（万元）$$

第二步：计算总资产周转率。

$$总资产周转率 = \frac{7\ 300}{6\ 258.5} = 1.17$$

2.B公司2024年净利润742万元，利息费用36万元，投资资本5 900万元，当年发生了一笔50万元的研发支出，全部计入管理费用。此研发支出虽然是一次性支出，但是收益期较长。该公司平均资本成本是10%，适用的所得税税率为25%

要求：请结合案例资料计算B公司的经济增加值（金额单位：万元）。

解析：

（1）计算调整后税后净营业利润。

调整后税后净营业利润 = 742 + 36 ×（1 - 25%）+ 50 ×（1 - 25%）= 806.50（万元）

（2）计算调整后平均资本占用。

调整后平均资本占用 = 5 900 + 50 ×（1 - 25%）= 5 937.50（万元）

（3）计算经济增加值。

经济增加值 = 806.5 - 5 937.5 × 10% = 212.75（万元）

3.2024年B公司的平衡计分卡得分计算表见表6-4，已知各个指标的权重、目标值、实际值。

表6-4　　　　　　　　　2024年B公司的平衡计分卡得分计算表

维度	指标名称	权重	目标值	实际值	得分	加权得分
财务	净利润增长率（%）	20%	30.00%	27.00%		
	总资产周转率（次）	10%	1.28	1.17		
	净资产收益率（%）	20%	38.00%	35.97%		
客户	客户满意度（%）	10%	94.00%	93.00%		
	订单增长率（%）	15%	32.00%	31.00%		
内部流程	产品合格率（%）	10%	96.00%	95.00%		
学习与成长	培训计划完成率（%）	5%	100.00%	99.00%		
	员工满意度（%）	10%	96.00%	95.00%		
加权综合得分						

要求：请在Excel中画出B公司的平衡计分卡，并计算各项指标的得分、加权得分以及加权综合得分。（指标得分 = 实际值/目标值 × 100）

解析：

（1）在Excel中画出B公司的平衡计分卡，如图6-5所示。

（2）利用Excel计算各项指标的得分。

维度	指标名称	权重	目标值	实际值	得分	加权得分
	2024年B公司的平衡计分卡计算					
财务	净利润增长率（%）	20%	30.00%	27.00%		
	总资产周转率（次）	10%	1.28	1.17		
	净资产收益率（%）	20%	38.00%	35.97%		
客户	客户满意度（%）	10%	94.00%	93.00%		
	订单增长率（%）	15%	32.00%	31.00%		
内部流程	产品合格率（%）	10%	96.00%	95.00%		
学习与成长	培训计划完成率（%）	5%	100.00%	99.00%		
	员工满意度（%）	10%	96.00%	95.00%		
	加权综合得分					
注：指标得分=实际值/目标值×100						

图6-5　B公司Excel中的平衡计分卡

在F3单元格输入"＝E3/D3*100"，按下回车键，得出净利润增长率指标的得分为90.00，选中F3单元格，鼠标移到该单元格右下角，出现黑色十字时，按住鼠标左键向下拉到F10单元格，得出各项指标的得分，如图6-6所示。

维度	指标名称	权重	目标值	实际值	得分	加权得分
	2024年B公司的平衡计分卡计算					
财务	净利润增长率（%）	20%	30.00%	27.00%	90.00	
	总资产周转率（次）	10%	1.28	1.17	91.41	
	净资产收益率（%）	20%	38.00%	35.97%	94.66	
客户	客户满意度（%）	10%	94.00%	93.00%	98.94	
	订单增长率（%）	15%	32.00%	31.00%	96.88	
内部流程	产品合格率（%）	10%	96.00%	95.00%	98.96	
学习与成长	培训计划完成率（%）	5%	100.00%	99.00%	99.00	
	员工满意度（%）	10%	96.00%	95.00%	98.96	
	加权综合得分					
注：指标得分=实际值/目标值×100						

图6-6　B公司平衡计分卡得分计算

（3）利用Excel计算各项指标的加权得分。

在G3单元格输入"＝C3*F3"，按下回车键，得出净利润增长率指标的加权得分为18.00，选中G3单元格，鼠标移到该单元格右下角，出现黑色十字时，按住鼠标左键向下拉到G10单元格，得到各项指标的加权得分，如图6-7所示。

（3）利用Excel计算加权综合得分。

在D11单元格输入公式"＝sum（G3：G10）"，按下回车键，即可算出加权综合得分为95.24，如图6-8所示。

维度	指标名称	权重	目标值	实际值	得分	加权得分
			2024年B公司层面平衡计分卡计算			
财务	净利润增长率（%）	20%	30.00%	27.00%	90.00	18.00
	总资产周转率（次）	10%	1.28	1.17	91.41	9.14
	净资产收益率（%）	20%	38.00%	35.97%	94.66	18.93
客户	客户满意度（%）	10%	94.00%	93.00%	98.94	9.89
	订单增长率（%）	15%	32.00%	31.00%	96.88	14.53
内部流程	产品合格率（%）	10%	96.00%	95.00%	98.96	9.90
学习与成长	培训计划完成率（%）	5%	100.00%	99.00%	99.00	4.95
	员工满意度（%）	10%	96.00%	95.00%	98.96	9.90
加权综合得分						
注：指标得分=实际值/目标值×100						

图6-7　B公司各项指标的加权得分

维度	指标名称	权重	目标值	实际值	得分	加权得分
			2024年B公司层面平衡计分卡计算			
财务	净利润增长率（%）	20%	30.00%	27.00%	90.00	18.00
	总资产周转率（次）	10%	1.28	1.17	91.41	9.14
	净资产收益率（%）	20%	38.00%	35.97%	94.66	18.93
客户	客户满意度（%）	10%	94.00%	93.00%	98.94	9.89
	订单增长率（%）	15%	32.00%	31.00%	96.88	14.53
内部流程	产品合格率（%）	10%	96.00%	95.00%	98.96	9.90
学习与成长	培训计划完成率（%）	5%	100.00%	99.00%	99.00	4.95
	员工满意度（%）	10%	96.00%	95.00%	98.96	9.90
加权综合得分					95.24	
注：指标得分=实际值/目标值×100						

图6-8　B公司加权综合得分

项目七

编制管理会计报告实训

职业技能要点与重难点

序号	工作任务	任务分解	技能操作	重难点
1	编制投资中心报告实训	编制投资中心管理会计报告	能够熟练编制基本的投资中心管理会计报告	投资中心管理会计报告的基本内容
2	编制利润中心报告实训	编制利润中心管理会计报告	能够熟练编制基本的利润中心管理会计报告	利润中心管理会计报告的基本内容
3	编制成本中心报告实训	编制成本中心管理会计报告	能够熟练编制基本的成本中心管理会计报告	成本中心管理会计报告的基本内容

任务一　编制投资中心报告实训

技能点45　编制投资中心报告

一、实训任务

1. 看懂投资中心报告
2. 计算投资中心报告中的指标

二、实训材料

1. 相关数据资料
2. 投资中心报告

三、实训内容

（一）认知投资中心报告

投资中心是指既对成本、收入和利润负责，又对投资效果负责的责任中心。投资中心是对投资负责的责任中心，由于投资的目的是获得利润，因而投资中心同时也是利润中心。投资中心在责任中心中处于最高层次，也承担最大的责任。

投资中心属于规模和经营权力较大的部门。例如，大型企业集团所属的子公司、分公司、事业部等往往都是投资中心。在组织形式上，投资中心一般是独立法人。投资中心拥有充分的经营决策权和投资决策权，不仅在产品生产销售上享有较大的自主权，而且能相对独立地支配所掌握的资产，并有权购建或处理固定资产、扩大或缩减现有的生产能力。投资中心独立性较高，它一般由公司的总经理或董事长直接负责。

投资中心的考核指标考核投资中心的业绩时，必须将所获得的利润与其所占用的资产进行比较，分析其投入与产出之间的关系，计算利润与投资额的关系性指标，即投资报酬率和剩余收益。

（二）投资中心的考核指标

考核投资中心的业绩时，必须将所获得的利润与其所占用的资产进行比较，分析其投入与产出之间的关系，计算利润与投资额的关系性指标，即投资报酬率和剩余收益。

1. 投资报酬率

投资报酬率，也称投资利润率，是投资中心所获得的利润与投资额之间的比率。其计算公式为：

$$投资报酬率 = 利润 \div 投资额 \times 100\%$$

公式中的利润通常为息税前利润，投资额通常为资产平均占用额。

投资报酬率这一指标还可以做以下分解：

$$投资报酬率 = \frac{营业利润}{销售收入} \times \frac{销售收入}{资产} = 销售利润率 \times 资产周转率$$

投资报酬率指标的优点：

（1）投资报酬率可以分解为资产周转率和销售利润率的乘积，并可进一步分解为资产的明细项目和收支的明细项目，从而对整个部门的经营状况做出评价。

（2）投资报酬率作为一种相对指标，能将投资额不同的各个投资中心工作业绩进行比较，具有横向可比性。

（3）使用投资报酬率指标有利于正确引导投资中心的投资决策行为，优化资源配置。

投资报酬率指标的缺点：

部门经理会产生"次优化"行为，具体来讲，就是会放弃高于公司要求的报酬率而低于目前部门投资报酬率的机会，或者减少现有的投资报酬率较低但高于公司要求的报酬率的某些资产，使部门获得较好的业绩评价，却损害了公司的整体利益。

2. 剩余收益

剩余收益是一个绝对数指标，是指投资中心获得利润扣减其最低投资收益后的余额。最低投资收益是投资中心的投资额按规定或预期的最低报酬率计算的收益。其计算公式为：

$$剩余收益 = 利润 - 投资额 \times 规定或预期的最低投资报酬率$$

公式中的利润通常为息税前利润，投资额通常为资产平均占用额。规定或预期最低投资报酬率通常以企业整体的平均利润率或资金成本率作为基准收益率。

以剩余收益作为投资中心经营业绩的评价指标，只要投资项目的投资报酬率大于预期的最低投资报酬率，即剩余收益大于零，该投资项目就是可行的。剩余收益是个绝对数指标，这个指标值越大，说明投资效果越好。

剩余收益指标的优点：采用剩余收益指标来考核投资中心的经营业绩，体现了投入产出关系，比较全面地考核和评价了投资中心的业绩；能避免投资中心的本位倾向，促使其选择对企业整体有利的项目，进而实现企业整体利益与投资中心局部利益的和谐统一。

剩余收益指标的缺点：剩余收益指标是个绝对数指标，不便于不同规模的公司和部门间的比较。较大规模的公司即使运行效率较低，也能比规模较小的公司获得更多的剩余收益。规模大的部门容易获得更多的剩余收益，而其投资报酬率并不一定很高。

（三）投资中心的责任报告

投资中心的责任报告与利润中心类似，通过列示营业利润、投资报酬率、剩余收益等项目的预算数、实际数及其差异来进行对投资中心的考核与评价。具体格式见表7-1。

表7-1　　　　　　　　　2024年10月E公司G投资中心的责任报告　　　　　　　　金额单位：元

项目	预算数	实际数	差异	差异性质
营业利润	800 000	930 000	130 000	F
资产平均占用额	3 200 000	3 400 000	200 000	
预期最低投资报酬率	11%	11%		
投资报酬率	25.00%	27.35%	2.35%	F
剩余收益	448 000	556 000	108 000	F

从表可知，G投资中心的实际投资报酬率与剩余收益均超过了预算数，说明该投资中心在本年度的经营业绩较好。

四、实训注意事项

1.投资报酬率和剩余收益这两个指标各自有自己的优缺点，在实际应用时，往往是将两个指标结合起来，才能全面评价各个投资中心的业绩。

2.投资报酬率、剩余收益在不同教材中的公式有略微差异。

五、实训案例

【技能训练7-1】E公司S投资中心的相关资料见表7-2。

表7-2　　　　　　　　　2024年10月E公司S投资中心的责任报告　　　　　　　　金额单位：元

项目	预算数	实际数	差异	差异性质
营业利润	720 000	837 000		
资产平均占用额	2 890 000	3 050 000		
预期最低投资报酬率	10%	10%		
投资报酬率				
剩余收益				

要求：

（1）请利用Excel工具画出上表，并利用Excel函数计算完成S投资中心的责任报告。

（2）分析S投资中心的责任报告。

解析：

第一步：在Excel中画出表格，如图7-1所示。

	A	B	C	D	E
1		E公司S投资中心的责任报告			
2			2024年10月		单位：元
3	项目	预算数	实际数	差异	差异性质
4	营业利润	720000	837000		
5	资产平均占用额	2890000	3050000		
6	预期最低投资报酬率	10%	10%		
7	投资报酬率				
8	剩余收益				

图7-1 E公司S投资中心责任报告基础数据

第二步：计算投资报酬率。

在B7单元格输入"=B4/B5"，按下回车键；在C7单元格输入"=C4/C5"，按下回车键，如图7-2所示。

	A	B	C	D	E
1		E公司S投资中心的责任报告			
2			2024年10月		单位：元
3	项目	预算数	实际数	差异	差异性质
4	营业利润	720000	837000		
5	资产平均占用额	2890000	3050000		
6	预期最低投资报酬率	10%	10%		
7	投资报酬率	24.91%	27.44%		
8	剩余收益				

图7-2 E公司S投资中心责任报告投资报酬率

第三步：计算剩余收益。

在B8单元格输入"=B4-B5*B6"，按下回车键；在C8单元格输入"=C4-C5*C6"，按下回车键，如图7-3所示。

	A	B	C	D	E
1		E公司S投资中心的责任报告			
2			2024年10月		单位：元
3	项目	预算数	实际数	差异	差异性质
4	营业利润	720000	837000		
5	资产平均占用额	2890000	3050000		
6	预期最低投资报酬率	10%	10%		
7	投资报酬率	24.91%	27.44%		
8	剩余收益	431000	532000		

图7-3 E公司S投资中心责任报告剩余收益

第四步：计算差异、判断差异性质。

根据公式"差异=实际数-预算数"计算D列，并判断差异性质，有利差异输入F，不利差异输入U，如图7-4所示。

	A	B	C	D	E
1		E公司S投资中心的责任报告			
2			2024年10月		单位：元
3	项目	预算数	实际数	差异	差异性质
4	营业利润	720000	837000	117000	F
5	资产平均占用额	2890000	3050000	160000	
6	预期最低投资报酬率	10%	10%		
7	投资报酬率	24.91%	27.44%	2.53%	F
8	剩余收益	431000	532000	101000	F

图7-4 E公司S投资中心责任报告差异及差异性质

第五步：分析投资中心报告。

从图7-4可知，S投资中心的实际投资报酬率与剩余收益均超过了预算数，说明该投资中心本期的经营业绩较好。

【技能训练7-2】某公司有A、B两个事业部，都是投资中心。相关资料见表7-3。

表7-3   A、B事业部相关资料   金额单位：元

投资中心	投资额	实现利润	预期的最低投资报酬率
A事业部	1 275 000	153 000	10.00%
B事业部	840 000	134 400	12.00%

假定公司现有一个投资机会，投资额200 000元，每年可创造利润26 000元，如果A、B投资中心都可以进行该投资，且投资前后各自要求的最低投资报酬率保持不变。

要求：

（1）使用Excel分别计算A、B投资中心投资前的投资报酬率和剩余收益；

（2）使用Excel分别计算A、B投资中心投资后的投资报酬率和剩余收益；

（3）分析如果公司分别采用投资报酬率和剩余收益指标对A、B投资中心进行业绩考核，A、B投资中心是否愿意进行该投资。

解析：

第一步：在Excel中画出表格，如图7-5所示。

	A	B	C	D	E
1	已知条件				
2	投资中心		投资额	实现利润	预期的最低投资报酬率
3	A事业部		1275000	153000	10.00%
4	B事业部		840000	134400	12.00%
5					
6	问题（1）				
7	指标		A投资中心	B投资中心	
8	目前状态	投资报酬率			
9		剩余收益			
10					
11	问题（2）				
12	指标			A投资中心	B投资中心
13	投资后	投资报酬率	计算结果		
14			是否投资		
15		剩余收益	计算结果		
16			是否投资		

图7-5 A、B投资中心基础数据

第二步：计算A、B投资中心投资前的投资报酬率和剩余收益。

在C8单元格输入"=D3/C3"，按下回车键。在D8单元格输入"=D4/C4"，按下回车键。从而得到A、B投资中心投资前的投资报酬率。

在C9单元格输入"=D3-C3*E3"，按下回车键。在D9单元格输入"=D4-C4*E4"，按下回车键。从而得到A、B投资中心投资前的剩余收益，如图7-6所示。

	A	B	C	D	E
1	已知条件				
2	投资中心		投资额	实现利润	预期的最低投资报酬率
3	A事业部		1275000	153000	10.00%
4	B事业部		840000	134400	12.00%
5					
6	问题（1）				
7	指标		A投资中心	B投资中心	
8	目前状态	投资报酬率	12.00%	16.00%	
9		剩余收益	25500	33600	

图7-6　A、B投资中心目前投资报酬率和剩余收益

第三步：计算A、B投资中心投资后的投资报酬率和剩余收益。

在D13单元格输入"＝（D3＋26000）/（C3＋200000）"，按下回车键。在E13单元格输入"＝（D4＋26000）/（C4＋200000）"，按下回车键。从而得到A、B投资中心投资后的投资报酬率。

在D15单元格输入"＝（D3＋26000）－（C3＋200000）*E3"，按下回车键。在E15单元格输入"＝（D4＋26000）－（C4＋200000）*E4"，按下回车键。从而得到A、B投资中心投资后的剩余收益，如图7-7所示。

	A	B	C	D	E
1	已知条件				
2	投资中心		投资额	实现利润	预期的最低投资报酬率
3	A事业部		1275000	153000	10.00%
4	B事业部		840000	134400	12.00%
5					
6	问题（1）				
7	指标		A投资中心	B投资中心	
8	目前状态	投资报酬率	12.00%	16.00%	
9		剩余收益	25500	33600	
10					
11	问题（2）				
12	指标			A投资中心	B投资中心
13	投资后	投资报酬率	计算结果	12.14%	15.42%
14			是否投资	是	否
15		剩余收益	计算结果	31500	35600
16			是否投资	是	是

图7-7　A、B投资中心投资后投资报酬率和剩余收益

第四步：判断A、B投资中心是否愿意进行该投资。

如果以投资报酬率指标来判断，A投资中心愿意投资，B投资中心不愿意投资。因为投资后A的投资报酬率升高了，B的投资报酬率降低了。

如果以剩余收益指标来判断，A、B投资中心都愿意投资，因为A、B投资中心的剩余收益都增加了。

任务二 编制利润中心报告实训

技能点46 编制利润中心报告

一、实训任务

1. 看懂利润中心报告
2. 计算利润中心报告中的指标
3. 了解内部转移价格

二、实训材料

1. 相关数据资料
2. 利润中心报告

三、实训内容

(一) 认知利润中心

利润中心是指既能控制成本又能控制收入、对利润负责的责任中心，它是比成本中心高一层次的责任中心，其权利和责任都相对较大。利润中心通常是那些具有产品或劳务生产经营决策权的部门

(二) 利润中心的分类

利润中心分为自然利润中心和人为利润中心两种。

1. 自然利润中心

自然利润中心是指直接对外销售产品或提供劳务取得收入而给企业带来收益的利润中心，这种利润中心直接面对市场，具有产品销售权、价格制定权、材料采购权和生产决策权。它虽然是企业内部的一个部门，但其功能同独立企业相近。最典型的形式就是公司内部的事业部，每个事业部均可销售、生产、采购，有很大的独立性，能独立地控制成本并取得收入。

2. 人为利润中心

人为利润中心是指只对内部责任单位提供产品或服务，取得内部销售收入的利润中心。这种利润中心一般不能直接对外销售产品或提供劳务。成为人为利润中心应具备两个条件：一是该中心可以向其他责任中心提供产品或服务；二是能为该中心的产品确定合理的内部转移价格，以实现公平交易、等价交换。

工业企业的大多数成本中心都可以转化为人为利润中心。这类责任中心一般具有相对独立的经营管理权，能够自主决定本利润中心的产品或服务的种类、产品或服务的质量、作业方法、人员调配和资金使用等。但这些部门提供的产品或劳务主要在企业内部转移，

很少对外销售。

（三）利润中心的考核指标

利润中心的考核指标为利润，通过比较一定期间实际实现的利润与责任预算所确定的利润，可以评价责任中心的业绩。但对不同的利润中心，利润指标的表现形式也不同，因而在评价利润中心业绩时，至少有三种指标可供选择：边际贡献、部门可控边际贡献、部门营业利润。

1.边际贡献

边际贡献的计算公式如下：

$$边际贡献 = 销售收入 - 变动成本总额$$

指标评价：不够全面，因为部门经理至少可以控制某些固定成本，并且在固定成本和变动成本的划分上有一定的选择余地，因此，业绩评价至少应包括可控制的固定成本。

2.部门可控边际贡献

部门可控边际贡献计算公式如下：

$$部门可控边际贡献 = 边际贡献 - 部门可控固定成本$$

指标评价：可能是最好的（部门经理可以控制收入、变动成本以及可控固定成本），反映了部门经理在其权限和控制范围内有效使用资源的能力，但存在的主要问题是可控固定成本和不可控固定成本的区分比较困难。

3.部门营业利润

部门营业利润计算公式如下：

$$部门营业利润 = 部门可控边际贡献 - 部门不可控固定成本$$

部门不可控固定成本指不为部门经理所控制的固定成本，如广告费、保险费等。

指标评价：可能更适合评价该部门对公司利润和管理费用的贡献，而不适合用于对部门经理的评价（不可控固定成本是过去最高管理层投资决策的结果，超出了经理人员的控制范围）。

（四）认知内部转移价格

1.内部转移价格的含义

内部转移价格是指企业内部各责任中心之间转移中间产品或相互提供劳务而发生内部结算以及进行内部责任结转使用的计价标准。

2.制定内部转移价格的方法

（1）市场价格。

适用情况：中间产品存在完全竞争市场。

应注意的问题：

第一，当中间产品有外部市场，可向外部单位销售，或可从外部单位购买时，可以市场价格作为内部转移价格，但这并不等于直接将市场价格用于结算，而应在此基础上，对市场价格做一些必要的调整。市场价格一般包括销售费、广告费以及运输费等，这些费用在产品内部转移时，一般可避免发生。若企业各责任中心不是独立核算的分厂，而是车间或部门，产品的内部转移不必支付销售税金，而这些税金一般也是市场价格的组成部分。当直接用市场价格作为内部转移价格时，这两方面的好处都将为制造方所得，使用者一无所得，为使利益分配更公平，这些可避免的费用应从市场价格中扣除，即市场价格减去对外的销售费、广告费等才是目前尚未销售的中间产品价格。

第二，采用市场价格作为内部转移价格是完全竞争市场条件下的一种理想的做法。完全竞争的市场条件是很难找到的，而且市场价格也受到一定的限制，有些产品（半成品）有现成的市价，而另一些产品只有非完全竞争市场价格，不能直接作为内部转移价格。

（2）以市场为基础的协商价格。

适用情况：中间产品存在非完全竞争的外部市场。

使用条件：要有一个某种形式的外部市场，两个部门经理可以自由地选择接受或是拒绝某一价格；当价格协商的双方发生矛盾且不能自行解决，或双方谈判可能导致企业非最优决策时，企业的高一级管理层要进行必要的干预。

优缺点：有一定弹性，可以照顾双方利益并得到双方认可；浪费时间和精力，可能会导致部门之间的矛盾，部门获利能力大小与谈判人员的谈判技巧有很大关系。

（3）双重价格。

双重价格就是针对责任中心交易双方分别采用不同的内部转移价格所制定的价格。例如，对产品（半成品）的供应方，可按协商的市场价格计价；对使用方则按供应方的产品（半成品）单位变动成本计价。其差额由会计最终调整。之所以采用双重价格是因为内部转移价格的作用主要是便于对企业内部各责任中心的业绩分别进行评价、考核，故各相关责任中心所采用的价格并不需要完全一致，可分别选用对各责任中心最为有利的价格为计价依据。双重价格有两种形式：

① 双重市场价格，就是当某种产品或劳务在市场上出现几种不同价格时，供应方采用最高市价，使用方采用最低市价。

② 双重转移价格，就是供应方以市场价格或议价为计价基础，而使用方以供应方的单位变动成本为计价基础。

双重价格的好处是既可较好地满足供应方和使用方的不同需要，也能激励双方在经营中充分发挥其主动性和积极性。

（4）以产品成本作为内部转移价格。

以产品成本作为内部转移价格时，由于在成本管理中经常使用不同的成本概念，如实际成本、标准成本、变动成本等，因此，有多种制定内部转移价格的方法，例如实际成本法、实际成本加成法、标准成本法、标准成本加成法、变动成本法等。各种方法将产生不同的影响。

（五）利润中心的责任报告

利润中心的考核指标通常为该利润中心的边际贡献、部门可控边际贡献和部门营业利润。利润中心的责任报告，分别列出收入、变动成本、边际贡献、可控固定成本、部门可控边际贡献、不可控固定成本、部门营业利润的预算数和实际数；并通过实际与预算的对比，分别计算差异，据此进行差异的调查，分析产生差异的原因。利润中心责任报告的基本形式见表7-4。

从表7-4可以看出，无论从边际贡献，还是部门可控边际贡献，还是部门营业利润分析，W利润中心都是有利差异，都超额完成了预算指标，但是仍然有部分成本项目存在不利差异。

表7-4 　　　　　　　　　2024年9月D公司W利润中心的责任报告　　　　　　　　单位：元

项目	预算数	实际数	差异	差异性质
销售收入	250 000	320 000	70 000	F
变动成本：				
变动制造成本	70 000	68 000	-2 000	F
变动销售成本	60 000	62 000	2 000	U
变动管理成本	20 000	16 000	-4 000	F
变动成本小计	150 000	146 000	-4 000	F
边际贡献	100 000	174 000	74 000	F
可控固定成本：				
固定制造成本	25 000	23 800	-1 200	F
固定销售成本	12 000	14 500	2 500	U
固定管理成本	22 800	32 800	10 000	U
可控固定成本小计	59 800	71 100	11 300	U
部门可控边际贡献	40 200	102 900	62 700	F
不可控固定成本：				
固定制造成本	3 200	3 200	0	
固定销售成本	5 300	5 900	600	U
固定管理成本	9 100	8 000	-1 100	F
不可控固定成本小计	17 600	17 100	-500	F
部门营业利润	22 600	85 800	63 200	F

四、实训注意事项

1. 注意区分部门可控固定成本与部门不可控固定成本。

2. 根据利润中心报告判断差异性质时要看清是收益还是成本。

五、实训案例

【技能训练7-3】D公司Z利润中心的相关资料见表7-5。

表7-5　　　　　　　　　　2024年9月D公司Z利润中心的责任报告　　　　　　　　　单位：元

项目	预算数	实际数	差异	差异性质
销售收入	225 000	288 000		
变动成本：				
变动制造成本	63 000	61 200		
变动销售成本	54 000	55 800		
变动管理成本	18 000	14 400		
变动成本小计				
边际贡献				
可控固定成本：				
固定制造成本	22 500	21 420		
固定销售成本	10 800	13 050		
固定管理成本	20 520	29 520		
可控固定成本小计				
部门可控边际贡献				
不可控固定成本：				
固定制造成本	2 880	2 880		
固定销售成本	4 770	5 310		
固定管理成本	8 190	7 200		
不可控固定成本小计				
部门营业利润				

要求：

（1）请在Excel中画出上表，并利用Excel函数计算完成Z利润中心的责任报告。

（2）分析Z利润中心的责任报告。

解析：

第一步：在Excel中画出表格，如图7-8所示。

第二步：计算变动成本小计、可控固定成本小计、不可控固定成本小计。

在B9单元格输入"＝SUM（B6：B8）"，按下回车键，同理利用SUM（）函数计算单元格C9、B15、C15、B21、C21的数据，如图7-9所示。

	A	B	C	D	E
1	D公司Z利润中心的责任报告				
2	2024年9月				单位：元
3	项目	预算数	实际数	差异	差异性质
4	销售收入	225000	288000		
5	变动成本：				
6	变动制造成本	63000	61200		
7	变动销售成本	54000	55800		
8	变动管理成本	18000	14400		
9	变动成本小计				
10	边际贡献				
11	可控固定成本：				
12	固定制造成本	22500	21420		
13	固定销售成本	10800	13050		
14	固定管理成本	20520	29520		
15	可控固定成本小计				
16	部门可控边际贡献				
17	不可控固定成本：				
18	固定制造成本	2880	2880		
19	固定销售成本	4770	5310		
20	固定管理成本	8190	7200		
21	不可控固定成本小计				
22	部门营业利润				

图7-8　D公司Z利润中心责任报告基础数据

	A	B	C	D	E
1	D公司Z利润中心的责任报告				
2	2024年9月				单位：元
3	项目	预算数	实际数	差异	差异性质
4	销售收入	225000	288000		
5	变动成本：				
6	变动制造成本	63000	61200		
7	变动销售成本	54000	55800		
8	变动管理成本	18000	14400		
9	变动成本小计	135000	131400		
10	边际贡献				
11	可控固定成本：				
12	固定制造成本	22500	21420		
13	固定销售成本	10800	13050		
14	固定管理成本	20520	29520		
15	可控固定成本小计	53820	63990		
16	部门可控边际贡献				
17	不可控固定成本：				
18	固定制造成本	2880	2880		
19	固定销售成本	4770	5310		
20	固定管理成本	8190	7200		
21	不可控固定成本小计	15840	15390		
22	部门营业利润				

图7-9　D公司Z利润中心责任报告成本小计计算

第三步：计算边际贡献、部门可控边际贡献和部门营业利润。

在B10单元格输入"＝B4－B9"，按下回车键；在C10单元格输入"＝C4－C9"，按下回车键，从而算出边际贡献，如图7-10所示。

	A	B	C	D	E
1		D公司Z利润中心的责任报告			
2		2024年9月			单位：元
3	项目	预算数	实际数	差异	差异性质
4	销售收入	225000	288000		
5	变动成本：				
6	变动制造成本	63000	61200		
7	变动销售成本	54000	55800		
8	变动管理成本	18000	14400		
9	变动成本小计	135000	131400		
10	边际贡献	90000	156600		
11	可控固定成本：				
12	固定制造成本	22500	21420		
13	固定销售成本	10800	13050		
14	固定管理成本	20520	29520		
15	可控固定成本小计	53820	63990		
16	部门可控边际贡献				
17	不可控固定成本：				
18	固定制造成本	2880	2880		
19	固定销售成本	4770	5310		
20	固定管理成本	8190	7200		
21	不可控固定成本小计	15840	15390		
22	部门营业利润				

图7-10 D公司Z利润中心责任报告边际贡献计算

在B16单元格输入"＝B10－B15"，按下回车键；在C16单元格输入"＝C10－C15"，按下回车键，从而算出部门可控边际贡献，如图7-11所示。

	A	B	C	D	E
1		D公司Z利润中心的责任报告			
2		2024年9月			单位：元
3	项目	预算数	实际数	差异	差异性质
4	销售收入	225000	288000		
5	变动成本：				
6	变动制造成本	63000	61200		
7	变动销售成本	54000	55800		
8	变动管理成本	18000	14400		
9	变动成本小计	135000	131400		
10	边际贡献	90000	156600		
11	可控固定成本：				
12	固定制造成本	22500	21420		
13	固定销售成本	10800	13050		
14	固定管理成本	20520	29520		
15	可控固定成本小计	53820	63990		
16	部门可控边际贡献	36180	92610		
17	不可控固定成本：				
18	固定制造成本	2880	2880		
19	固定销售成本	4770	5310		
20	固定管理成本	8190	7200		
21	不可控固定成本小计	15840	15390		
22	部门营业利润				

图7-11 D公司Z利润中心责任报告部门可控边际贡献计算

在B22单元格输入"＝B16－B21"，按下回车键；在C22单元格输入"＝C16－CB21"，按下回车键，从而算出部门营业利润，如图7-12所示。

	A	B	C	D	E
1	D公司Z利润中心的责任报告				
2			2024年9月		单位：元
3	项目	预算数	实际数	差异	差异性质
4	销售收入	225000	288000		
5	变动成本：				
6	变动制造成本	63000	61200		
7	变动销售成本	54000	55800		
8	变动管理成本	18000	14400		
9	变动成本小计	135000	131400		
10	边际贡献	90000	156600		
11	可控固定成本：				
12	固定制造成本	22500	21420		
13	固定销售成本	10800	13050		
14	固定管理成本	20520	29520		
15	可控固定成本小计	53820	63990		
16	部门可控边际贡献	36180	92610		
17	不可控固定成本：				
18	固定制造成本	2880	2880		
19	固定销售成本	4770	5310		
20	固定管理成本	8190	7200		
21	不可控固定成本小计	15840	15390		
22	部门营业利润	20340	77220		

图7-12　D公司Z利润中心责任报告部门营业利润计算

第四步：计算差异、判断差异性质。

根据公式"差异＝实际数－预算数"来计算D列，并判断差异性质，有利差异输入F，不利差异输入U，如图7-13所示。

	A	B	C	D	E
1	D公司Z利润中心的责任报告				
2			2024年9月		单位：元
3	项目	预算数	实际数	差异	差异性质
4	销售收入	225000	288000	63000	F
5	变动成本：				
6	变动制造成本	63000	61200	-1800	F
7	变动销售成本	54000	55800	1800	U
8	变动管理成本	18000	14400	-3600	F
9	变动成本小计	135000	131400	-3600	F
10	边际贡献	90000	156600	66600	F
11	可控固定成本：				
12	固定制造成本	22500	21420	-1080	F
13	固定销售成本	10800	13050	2250	U
14	固定管理成本	20520	29520	9000	U
15	可控固定成本小计	53820	63990	10170	U
16	部门可控边际贡献	36180	92610	56430	F
17	不可控固定成本：				
18	固定制造成本	2880	2880	0	
19	固定销售成本	4770	5310	540	U
20	固定管理成本	8190	7200	-990	F
21	不可控固定成本小计	15840	15390	-450	F
22	部门营业利润	20340	77220	56880	F

图7-13　D公司Z利润中心责任报告差异及差异性质

第五步：分析利润中心报告。

从图7-13可以看出，无论从边际贡献，还是部门可控边际贡献，还是部门营业利润分析，Z利润中心都是有利差异，都超额完成了预算指标，但是仍然有部分成本项目存在不利差异，比如变动销售成本、可控固定销售成本、可控固定管理成本、不可控固定销售成本。

任务三　编制成本中心报告实训

技能点47　编制成本中心报告

一、实训任务

1. 看懂成本中心报告
2. 计算成本中心报告中的指标

二、实训材料

1. 相关数据资料
2. 成本中心报告

三、实训内容

（一）认知成本中心

成本中心是指只对成本或费用承担责任的责任中心。它不会形成可以用货币计量的收入，因而不对收入、利润或投资负责。成本中心一般包括负责产品生产的生产部门、劳务提供部门以及给予一定费用指标的管理部门。

成本中心是应用最为广泛的一种责任中心形式。只要有成本发生、需要对成本负责并能实施成本控制的单位，都可以建立成本中心。上至企业，下至车间、工段班组，甚至个人都可以被划分为成本中心。成本中心的规模不一，一个成本中心可以由若干个更小的成本中心组成，因而在企业中可以形成一个逐级控制并层层负责的成本中心体系。

（二）成本中心的分类

成本中心有两种类型，即标准成本中心和费用中心。

1. 标准成本中心

标准成本中心是以实际产出量为基础，并按标准成本进行控制的成本中心。通常，制造业企业的工厂、车间、工段、班组等是典型的标准成本中心。实际上，任何一项重复性活动，只要能够计量产出的实际数量，并且能够建立起投入与产出之间的函数关系，都可以作为标准成本中心。在产品生产中，这类成本中心的投入与产出有着明确的函数对应关系，它不仅能够计量产品产出的实际数量，而且每个产品因有明确的原材料、人工和制造费用的数量标准和价格标准，从而可对生产过程实施有效的弹性成本控制。

2.费用中心

费用中心是指产出物不能以财务指标衡量，或者投入与产出之间没有密切关系的有费用发生的单位，通常包括一般行政管理部门、研究开发部门及某些销售部门。一般行政管理部门的产出难以度量，研究开发和销售活动的投入量与产出量没有密切的联系，费用是否发生以及发生数额的多少是由管理人员的决策所决定的，如研究开发费用、广告宣传费用、职工培训费用等。费用中心费用控制的重心应放在预算总额的审批上。

（三）成本中心的特点

1.成本中心只考评成本费用而不考评收益

成本中心一般不具有经营权和销售权，其经济活动的结果不会形成可以用货币计量的收入，有的成本中心可能有少量的收入，但从整体上讲，其产出与投入之间不存在密切的对应关系，因而，这些收入不作为成本中心的考核内容，也不必计算这些收入。概括地说，成本中心只以货币形式计量投入，不以货币形式计量产出。

2.成本中心只对可控成本承担责任

成本费用依其责任主体是否能控制分为可控成本和不可控成本。凡是责任中心能控制其发生及数量的成本称为可控成本；凡是责任中心不能控制其发生及数量的成本称为不可控成本。具体来说，可控成本必须同时具备以下四个条件：一是可以预计，即成本中心能够事先知道将发生哪些成本以及在何时发生；二是可以计量，即成本中心能够对发生的成本进行计量；三是可以施加影响，即成本中心能够通过自身的行为来调节成本；四是可以落实责任，即成本中心能够将有关成本的控制责任落实，并进行考核与评价。凡是不能同时具备上述四个条件的成本通常为不可控成本。

3.成本中心只对责任成本进行考核和控制

责任成本是各成本中心发生的各项可控成本之和，分为预算责任成本和实际责任成本。预算责任成本，是指由责任预算分解确定的各责任中心应承担的责任成本；实际责任成本是各责任中心从事业务活动实际发生的责任成本。对成本中心的工作业绩进行考评应将其预算责任成本和实际责任成本进行比较，根据差异的不同情况，采取相应的奖惩措施。

（四）成本中心的考核指标

成本中心主要通过成本（费用）变动额和变动率这两个指标来对其工作业绩进行考评，其计算公式如下：

成本（费用）变动额 = 实际责任成本（费用）− 预算责任成本（费用）

成本（费用）变动率 = 成本费用变动额 ÷ 预算责任成本（费用）× 100%

值得注意的是，在对成本中心进行业绩考核时，如果预算产量与实际产量不一致，应按弹性预算的方法先调整预算标准，然后再按上述公式计算。

（五）成本中心的责任报告

责任报告是为反映各责任中心责任预算执行情况而进行的反馈，通常以各责任中心的责任预算为基础，将其实际完成情况与责任预算进行比较，以反映其责任履行的好坏。

成本中心是企业最基础、最直接的责任中心。在业绩考核中，主要考核可控成本，不可控成本仅作为参考。成本中心的责任报告主要反映其责任成本的预算额、实际发生额及差额，并按不同成本、费用项目分别列示。企业常用的成本中心责任报告的基本形式见表7-6。

表7-6　　　　　　　　　　甲车间（成本中心）责任报告

2024年8月

单位：元

项目	预算成本	实际可控成本	差异	差异性质
工人工资	59 200	59 190	−10	F
原材料	33 600	33 800	200	U
行政人员工资	7 500	7 500	0	
水电费	6 850	6 780	−70	F
折旧费用	5 300	5 300	0	
维修费	3 600	3 580	−20	F
合计	116 050	116 150	100	U

成本中心编制的责任报告亦称业绩报告，通常只需要按该中心的可控成本的各明细项目列示，其预算数（责任预算）、实际数和差异数指标可用金额、实物或时间量度。

至于各成本中心发生的不可控成本，一般有两种处理方式：第一，全部省略，不予列示，以便突出重点。第二，作为责任报告的参考资料，以便管理当局了解各成本中心在一定期间消耗的全貌。

值得注意的是，责任报告中的成本差异是考核与评价成本中心工作业绩的重要标志，预算数大于实际数，称为有利差异，即表示节约或顺差，通常用F表示；预算数小于实际数，称为不利差异，即表示超支或逆差，通常用U表示。由上表可看出，甲车间产生了不利差异，不利差异是由原材料超支引起的。

有些企业在责任报告的差异栏后面加上差异原因分析栏，其具体内容按上面所讲的方法进行填列。此栏的目的主要是作为企业修改预算，或采取措施巩固成绩，纠正缺点的信息反馈。

四、实训注意事项

1. 成本中心对不可控成本不需要考核或控制；
2. 注意区分标准成本中心和费用中心。

五、实训案例

【技能训练7-4】某企业内部一车间为成本中心，生产Y产品，预算产量为2 500件，单位成本为60元；实际产量为3 000件，单位成本为55元。

要求：计算该成本中心的成本变动额和成本变动率。

解析：

（1）计算成本变动额。

成本变动额 = 55 × 3 000 – 60 × 3 000 = – 15 000（元）

（2）计算成本变动率。

$$成本变动率 = \frac{15\,000}{60 \times 3\,000} \times 100\% = 8.33\%$$

【技能训练7-5】乙车间的可控成本有六项，每项的预算成本和实际成本见表7-7。

表7-7　　　　　　　　　　　乙车间（成本中心）责任报告

2024年8月　　　　　　　　　　　　　　单位：元

项目	预算成本	实际可控成本	差异	差异性质
工人工资	65 120	65 109		
原材料	36 960	36 900		
行政人员工资	8 250	8 250		
水电费	7 535	7 700		
折旧费用	5 830	5 830		
维修费	3 960	3 938		
合计				

要求：

（1）请在Excel中画出上表，并计算出差异和差异性质，完成乙车间（成本中心）责任报告。

（2）分析乙车间（成本中心）责任报告。

解析：

第一步：在Excel中画出表格，如图7-14所示。

	A	B	C	D	E
1	乙车间（成本中心）责任报告				
2		2024年8月		单位：元	
3	项目	预算成本	实际可控成本	差异	差异性质
4	工人工资	65120	65109		
5	原材料	36960	36900		
6	行政人员工资	8250	8250		
7	水电费	7535	7700		
8	折旧费用	5830	5830		
9	维修费	3960	3938		
10	合计				

图7-14　乙车间（成本中心）责任报告基础数据

第二步：计算预算成本、实际可控成本合计数。

在B10单元格输入"＝SUM（B4：B9）"，按下回车键，得到预算成本合计数。选中B10单元格，按下Ctrl＋C，再选中C10单元格，按下Ctrl＋V，将B10单元格的公式复制到C10单元格中，得到实际可控成本合计数，如图7-15所示。

	A	B	C	D	E
1	乙车间（成本中心）责任报告				
2			2024年8月		单位：元
3	项目	预算成本	实际可控成本	差异	差异性质
4	工人工资	65120	65109		
5	原材料	36960	36900		
6	行政人员工资	8250	8250		
7	水电费	7535	7700		
8	折旧费用	5830	5830		
9	维修费	3960	3938		
10	合计	127655	127727		

图7-15　乙车间（成本中心）责任报告合计数计算

第三步：计算成本差异。

在D4单元格中输入"＝C4-B4"，按下回车键，得到工人工资的差异数。选中D4单元格，鼠标移到该单元格右下角，出现黑色十字时，按住鼠标左键向下拉到D10单元格，得到所有项目的差异，如图7-16所示。

	A	B	C	D	E
1	乙车间（成本中心）责任报告				
2			2024年8月	单位：元	
3	项目	预算成本	实际可控成本	差异	差异性质
4	工人工资	65120	65109	-11	
5	原材料	36960	36900	-60	
6	行政人员工资	8250	8250	0	
7	水电费	7535	7700	165	
8	折旧费用	5830	5830	0	
9	维修费	3960	3938	-22	
10	合计	127655	127727	72	

图7-16　乙车间（成本中心）责任报告差异计算

第四步：输入差异性质。

根据D列数据的正负号填入差异性质，如果为正数，则在E列相应的单元格输入"U"；如果为负数，则在E列相应的单元格输入"F"；如果为0，E列相应的单元格空白，如图7-17所示。

第五步：分析成本中心报告。

由图7-17可以看出乙车间产生了不利差异，不利差异是由水电费超支引起的。

	A	B	C	D	E
1	乙车间（成本中心）责任报告				
2		2024年8月		单位：元	
3	项目	预算成本	实际可控成本	差异	差异性质
4	工人工资	65120	65109	-11	F
5	原材料	36960	36900	-60	F
6	行政人员工资	8250	8250	0	
7	水电费	7535	7700	165	U
8	折旧费用	5830	5830	0	
9	维修费	3960	3938	-22	F
10	合计	127655	127727	72	U

图7-17　乙车间（成本中心）责任报告差异性质分析

【明德善思】党的二十大报告不仅为我国未来5年的发展勾勒了蓝图，也为企业未来的前进方向提供了指引。站在管理会计的视角上，党的二十大报告将对管理会计的创新发展带来哪些影响？其中蕴含哪些机遇和挑战？高质量发展是宏观经济稳定性增强的发展。富有竞争力的企业是高质量发展的微观基础。管理会计与之俱来的管理属性能够帮助企业兼顾发展与风险、质量与效益、创新与稳健。因此，构建以管理会计为核心的精细化管理体系是中国企业实现高质量发展的必要条件。企业高质量发展对管理会计体系提出了如下要求：

（1）高质量的数据基础。管理会计的本质是建立在数据收集、分析基础之上的量化管理。当前，企业在经营活动中能够获取到的数据越来越多，包括来自ERP、SRM等各个信息化系统中的业务数据、财务数据、大数据，既包括结构化数据，又包括非结构化数据，企业需要快速有效地集合这些海量数据，开展数据处理和数据挖掘。掌握丰富、高质量的基础数据是对企业管理会计高质量发展提出的挑战。

（2）敏捷的响应能力。毫无疑问，世界正在变得越来越复杂和不确定。宝洁公司（Procter & Gamble）首席运营官罗伯特·麦克唐纳（Robert McDonald）曾借用一个军事术语来描述新的商业世界格局："这是一个VUCA的世界。"VUCA是指不稳定（Volatile）、不确定（Uncertain）、复杂（Complex）、模糊（Ambiguous）。在这样一个VUCA的时代里，企业的商业模式和经营状况充满了变数，当今管理会计应用的一个主要目标是要帮助管理者应对众多的不确定性，这就需要管理会计体系具备敏捷响应前端业务变化的能力，能够实时获取第一手的业务端信息并及时捕捉到变化中的管理需求。

（3）快速看透数据的能力。数字化时代管理会计的最大价值就是通过对数据的挖掘分析，找到数据背后的逻辑和规律，从而赋能企业业务发展。这包括两层含义：一是感知现在，即通过将历史数据与当前数据融合，挖掘潜在线索与模式，形成对业务发展状态的理解；二是预测未来，即通过对数据关联、数据态势和数据效应的判定和分析，找到未来业务发展的演变规律，进而对未来的业务发展情况进行预测。

（4）业务、财务、技术融合的能力。将管理会计高效运用到企业发展全过程，必须实现业务、财务和技术的融合和统一，做到以管理会计创新赋能企业具体业务场景，以业务发展丰富管理会计应用场景。同时，管理会计的发展离不开信息技术的应用。在这一过程中，业务场景、业务模式、业务创新以及业务与技术关系的内容远远大于技术本身。

项目实训

1.E公司G投资中心的相关资料见表7-8。

表7-8　E公司G投资中心的责任报告

2024年10月　　金额单位：元

项目	预算数	实际数	差异	差异性质
营业利润	147 000	167 400		
资产平均占用额	1 445 000	1 525 000		
预期最低投资报酬率	8%	8%		
投资报酬率				
剩余收益				

要求：

（1）请在Excel中画出上表，并利用Excel函数完成G投资中心的责任报告。

（2）分析G投资中心的责任报告。

解析：

第一步：在Excel中画出表格，如图7-18所示。

	A	B	C	D	E
1	E公司G投资中心的责任报告				
2	2024年10月				单位：元
3	项目	预算数	实际数	差异	差异性质
4	营业利润	147000	167400		
5	资产平均占用额	1445000	1525000		
6	预期最低投资报酬率	8%	8%		
7	投资报酬率				
8	剩余收益				

图7-18　E公司G投资中心责任报告基础数据

第二步：计算投资报酬率。

在B7单元格输入“ = B4/B5”，按下回车键；在C7单元格输入“ = C4/C5”，按下回车键，如图7-19所示。

	A	B	C	D	E
1	E公司G投资中心的责任报告				
2	2024年10月				单位：元
3	项目	预算数	实际数	差异	差异性质
4	营业利润	147000	167400		
5	资产平均占用额	1445000	1525000		
6	预期最低投资报酬率	8%	8%		
7	投资报酬率	10.17%	10.98%		
8	剩余收益				

图7-19　E公司G投资中心责任报告投资报酬率计算

第三步：计算剩余收益。

在B8单元格输入"=B4-B5*B6"，按下回车键；在C8单元格输入"=C4-C5*C6"，按下回车键，如图7-20所示。

	A	B	C	D	E
1	E公司G投资中心的责任报告				
2			2024年10月		单位：元
3	项目	预算数	实际数	差异	差异性质
4	营业利润	147000	167400		
5	资产平均占用额	1445000	1525000		
6	预期最低投资报酬率	8%	8%		
7	投资报酬率	10.17%	10.98%		
8	剩余收益	31400	45400		

图7-20　E公司G投资中心责任报告剩余收益计算

第四步：计算差异、判断差异性质。

根据公式"差异=实际数-预算数"计算D列，并判断差异性质，有利差异输入F，不利差异输入U，如图7-21所示。

	A	B	C	D	E
1	E公司G投资中心的责任报告				
2			2024年10月		单位：元
3	项目	预算数	实际数	差异	差异性质
4	营业利润	147000	167400	20400	F
5	资产平均占用额	1445000	1525000	80000	
6	预期最低投资报酬率	8%	8%		
7	投资报酬率	10.17%	10.98%	0.80%	F
8	剩余收益	31400	45400	14000	F

图7-21　E公司G投资中心责任报告差异计算及分析

第五步：分析投资中心报告。

从上表可知，G投资中心的实际投资报酬率与剩余收益均超过了预算数，说明该投资中心本期的经营业绩较好。

2.ABC公司H利润中心的相关资料见表7-9。

表7-9　　　　　　　　　　ABC公司H利润中心的责任报告

2024年9月　　　　　　　　　　　　　　　　　　单位：元

项目	预算数	实际数	差异	差异性质
销售收入	112 500	144 000		
变动成本：				
变动制造成本	31 500	30 600		
变动销售成本	27 000	27 900		
变动管理成本	9 000	7 200		
变动成本小计				
边际贡献				
可控固定成本：				

续表

项目	预算数	实际数	差异	差异性质
固定制造成本	11 250	10 710		
固定销售成本	5 400	5 368		
固定管理成本	10 260	10 760		
可控固定成本小计				
部门可控边际贡献				
不可控固定成本：				
固定制造成本	1 440	1 440		
固定销售成本	2 385	2 655		
固定管理成本	4 095	3 600		
不可控固定成本小计				
部门营业利润				

要求：

（1）请在 Excel 中画出上表，并利用 Excel 函数计算完成 H 利润中心的责任报告。

（2）分析 H 利润中心的责任报告。

解析：

第一步：在 Excel 中画出表格，如图 7-22 所示。

图7-22　ABC公司H利润中心责任报告基础数据

第二步：计算变动成本小计、可控固定成本小计、不可控固定成本小计。

在 B9 单元格输入"=SUM（B6：B8）"，按下回车键，同理利用 SUM（）函数计算单元格 C9、B15、C15、B21、C21 的数据，如图 7-23 所示。

	A	B	C	D	E
1	ABC公司H利润中心的责任报告				
2			2024年9月		单位：元
3	项目	预算数	实际数	差异	差异性质
4	销售收入	112500	144000		
5	变动成本：				
6	变动制造成本	31500	30600		
7	变动销售成本	27000	27900		
8	变动管理成本	9000	7200		
9	变动成本小计	67500	65700		
10	**边际贡献**				
11	可控固定成本：				
12	固定制造成本	11250	10710		
13	固定销售成本	5400	5368		
14	固定管理成本	10260	10760		
15	可控固定成本小计	26910	26838		
16	**部门可控边际贡献**				
17	不可控固定成本：				
18	固定制造成本	1440	1440		
19	固定销售成本	2385	2655		
20	固定管理成本	4095	3600		
21	不可控固定成本小计	7920	7695		
22	**部门营业利润**				

图7-23　ABC公司H利润中心责任报告各项成本小计计算

第三步：计算边际贡献、部门可控边际贡献和部门营业利润。

在 B10 单元格输入"＝B4－B9"，按下回车键；在 C10 单元格输入"＝C4－C9"，按下回车键，从而算出边际贡献，如图 7-24 所示。

	A	B	C	D	E
1	ABC公司H利润中心的责任报告				
2			2024年9月		单位：元
3	项目	预算数	实际数	差异	差异性质
4	销售收入	112500	144000		
5	变动成本：				
6	变动制造成本	31500	30600		
7	变动销售成本	27000	27900		
8	变动管理成本	9000	7200		
9	变动成本小计	67500	65700		
10	**边际贡献**	45000	78300		
11	可控固定成本：				
12	固定制造成本	11250	10710		
13	固定销售成本	5400	5368		
14	固定管理成本	10260	10760		
15	可控固定成本小计	26910	26838		
16	**部门可控边际贡献**				
17	不可控固定成本：				
18	固定制造成本	1440	1440		
19	固定销售成本	2385	2655		
20	固定管理成本	4095	3600		
21	不可控固定成本小计	7920	7695		
22	**部门营业利润**				

图7-24　ABC公司H利润中心责任报告边际贡献计算

在 B16 单元格输入"＝B10－B15"，按下回车键；在 C16 单元格输入"＝C10－

C15"，按下回车键，从而算出部门可控边际贡献，如图7-25所示。

	A	B	C	D	E
1	ABC公司H利润中心的责任报告				
2				2024年9月	单位：元
3	项目	预算数	实际数	差异	差异性质
4	销售收入	112500	144000		
5	变动成本：				
6	变动制造成本	31500	30600		
7	变动销售成本	27000	27900		
8	变动管理成本	9000	7200		
9	变动成本小计	67500	65700		
10	边际贡献	45000	78300		
11	可控固定成本：				
12	固定制造成本	11250	10710		
13	固定销售成本	5400	5368		
14	固定管理成本	10260	10760		
15	可控固定成本小计	26910	26838		
16	部门可控边际贡献	18090	51462		
17	不可控固定成本：				
18	固定制造成本	1440	1440		
19	固定销售成本	2385	2655		
20	固定管理成本	4095	3600		
21	不可控固定成本小计	7920	7695		
22	部门营业利润				

图7-25　ABC公司H利润中心责任报告部门可控边际贡献计算

在 B22 单元格输入"＝B16－B21"，按下回车键；在 C22 单元格输入"＝C16－C21"，按下回车键，从而算出部门营业利润，如图7-26所示。

	A	B	C	D	E
1	ABC公司H利润中心的责任报告				
2				2024年9月	单位：元
3	项目	预算数	实际数	差异	差异性质
4	销售收入	112500	144000		
5	变动成本：				
6	变动制造成本	31500	30600		
7	变动销售成本	27000	27900		
8	变动管理成本	9000	7200		
9	变动成本小计	67500	65700		
10	边际贡献	45000	78300		
11	可控固定成本：				
12	固定制造成本	11250	10710		
13	固定销售成本	5400	5368		
14	固定管理成本	10260	10760		
15	可控固定成本小计	26910	26838		
16	部门可控边际贡献	18090	51462		
17	不可控固定成本：				
18	固定制造成本	1440	1440		
19	固定销售成本	2385	2655		
20	固定管理成本	4095	3600		
21	不可控固定成本小计	7920	7695		
22	部门营业利润	10170	43767		

图7-26　ABC公司H利润中心责任报告部门营业利润计算

第四步：计算差异、判断差异性质。

根据公式"差异＝实际数－预算数"计算 D 列，并判断差异性质，有利差异输入 F，不利差异输入 U，如图 7-27 所示。

	A	B	C	D	E
1	ABC公司H利润中心的责任报告				
2	2024年9月				单位：元
3	项目	预算数	实际数	差异	差异性质
4	销售收入	112500	144000	31500	F
5	变动成本：				
6	变动制造成本	31500	30600	-900	F
7	变动销售成本	27000	27900	900	U
8	变动管理成本	9000	7200	-1800	F
9	变动成本小计	67500	65700	-1800	F
10	边际贡献	45000	78300	33300	F
11	可控固定成本：				
12	固定制造成本	11250	10710	-540	F
13	固定销售成本	5400	5368	-32	F
14	固定管理成本	10260	10760	500	U
15	可控固定成本小计	26910	26838	-72	F
16	部门可控边际贡献	18090	51462	33372	F
17	不可控固定成本：				
18	固定制造成本	1440	1440	0	
19	固定销售成本	2385	2655	270	U
20	固定管理成本	4095	3600	-495	F
21	不可控固定成本小计	7920	7695	-225	F
22	部门营业利润	10170	43767	33597	F

图7-27　ABC公司H利润中心责任报告差异计算及分析

第五步：分析利润中心报告。

从上表可以看出，无论从边际贡献，还是部门可控边际贡献，还是部门营业利润分析，H利润中心都是有利差异，都超额完成了预算指标，但是仍然有部分成本项目存在不利差异，比如变动销售成本、可控固定管理成本和不可控固定销售成本。

3.ABC公司甲车间的可控成本有六项，每项的预算成本和实际成本见表7-10。

表7-10　　　　　　　　　　甲车间（成本中心）责任报告

2024年8月

单位：元

项目	预算成本	实际可控成本	差异	差异性质
工人工资	32 560	32 554		
原材料	18 480	18 600		
行政人员工资	4 125	4 125		
水电费	3 767	3 725		
折旧费用	2 915	2 915		
维修费	1 980	1 969		
合计				

要求：

（1）请在Excel中画出上表，计算出差异和差异性质，完成甲车间（成本中心）责任报告。

（2）分析甲车间（成本中心）责任报告。

解析：

第一步：在Excel中画出表格，如图7-28所示。

	A	B	C	D	E
1	甲车间（成本中心）责任报告				
2			2024年8月		单位：元
3	项目	预算成本	实际可控成本	差异	差异性质
4	工人工资	32560	32554		
5	原材料	18480	18600		
6	行政人员工资	4125	4125		
7	水电费	3767	3725		
8	折旧费用	2915	2915		
9	维修费	1980	1969		
10	合计				

图7-28　甲车间（成本中心）责任报告基础数据

第二步：计算预算成本、实际可控成本合计数。

在B10单元格输入"=SUM（B4：B9）"，按下回车键，得到预算成本合计数。选中B10单元格，按下Ctrl+C，再选中C10单元格，按下Ctrl+V，将B10单元格的公式复制到C10单元格中，得到实际可控成本合计数，如图7-29所示。

	A	B	C	D	E
1	甲车间（成本中心）责任报告				
2			2024年8月		单位：元
3	项目	预算成本	实际可控成本	差异	差异性质
4	工人工资	32560	32554		
5	原材料	18480	18600		
6	行政人员工资	4125	4125		
7	水电费	3767	3725		
8	折旧费用	2915	2915		
9	维修费	1980	1969		
10	合计	63827	63888		

图7-29　甲车间（成本中心）责任报告合计数计算

第三步：计算成本差异。

在D4单元格中输入"=C4-B4"，按下回车键，得到工人工资的差异数。选中D4单元格，鼠标移到该单元格右下角，出现黑色十字时，按住鼠标左键向下拉到D10单元格，得到所有项目的差异，如图7-30所示。

	A	B	C	D	E
1	甲车间（成本中心）责任报告				
2		2024年8月		单位：元	
3	项目	预算成本	实际可控成本	差异	差异性质
4	工人工资	32560	32554	−6	
5	原材料	18480	18600	120	
6	行政人员工资	4125	4125	0	
7	水电费	3767	3725	−42	
8	折旧费用	2915	2915	0	
9	维修费	1980	1969	−11	
10	合计	63827	63888	61	

图7-30　甲车间（成本中心）责任报告差异计算

第四步：输入差异性质。

根据D列数据的正负号填入差异性质，如果为正数，则在E列相应的单元格输入"U"；如果为负数，则在E列相应的单元格输入"F"；如果为0，E列相应的单元格空白，如图7-31所示。

	A	B	C	D	E
1	甲车间（成本中心）责任报告				
2		2024年8月		单位：元	
3	项目	预算成本	实际可控成本	差异	差异性质
4	工人工资	32560	32554	−6	F
5	原材料	18480	18600	120	U
6	行政人员工资	4125	4125	0	
7	水电费	3767	3725	−42	F
8	折旧费用	2915	2915	0	
9	维修费	1980	1969	−11	F
10	合计	63827	63888	61	U

图7-31　甲车间（成本中心）责任报告差异分析

第五步：分析成本中心报告。

由表可以看出甲车间的成本产生了不利差异，不利差异是由原材料超支引起的。

参考文献

[1] 刘萍，于树彬，郑天白. 管理会计 [M]. 8版. 大连：东北财经大学出版社，2022.

[2] 周阅，丁增稳. 管理会计实务 [M]. 3版. 北京：高等教育出版社，2020.

[3] 李守武. 战略与预算管理 [M]. 5版. 北京：中国财政经济出版社，2018.

[4] 孙湛. 现代管理会计 [M]. 北京：中国财政经济出版社，2018.

[5] 孙茂竹，张玉周. 管理会计 [M]. 北京：人民邮电出版社，2019.

[6] 王萍香，陈杨，王伟. 管理会计实务 [M]. 北京：人民邮电出版社，2019.

[7] 高严. 动态环境下预算管理 [M]. 7版. 北京：机械工业出版社. 2011.

[8] 财政部会计司编写组. 管理会计案例示范集 [M]. 北京：经济科学出版社，2019.

[9] 刘金星. 管理会计 [M]. 3版. 大连：东北财经大学出版社，2024.

[10] 财政部管理会计咨询专家组. 管理会计行业调研报告及案例（第一辑）[R]. 财政部会计司，2020.

[11] 财政部管理会计咨询专家组. 管理会计行业调研报告及案例（第二辑）[R]. 财政部会计司，2020.